CB000773

NO RASTO DO
CÓDIGO DA VINCI

UM GUIA DE PARIS

PETER CAINE

NO RASTO DO
CÓDIGO DA VINCI

UM GUIA DE PARIS

Título original:
Sur les pas du Code Da Vinci

© Éditions Bartillat, 2005
Publicado por intermédio da Agência Literária «Agence de l'Est», Paris

Tradução: Pedro Elói Duarte

Maquete: DV Arts Graphiques, Daniel Verlhac
Paginação: DV Arts Graphiques

Ilustrações © Peter Caine
excepto Moulin de la Galette, por Matt Spencer
Palacete de Villette, com autorização, e Cryptex por Justin Nevis.
Outros documentos e objectos pertencem à colecção do autor.
Direitos reservados

Depósito Legal nº 242517/06
ISBN (10): 972-44-1311-X
ISBN (13): 978-972-44-1311-2

Impressão e acabamento:
MANUEL A. PACHECO
para
EDIÇÕES 70, LDA.
Maio de 2005

Direitos reservados para Portugal
por Edições 70

EDIÇÕES 70, Lda.
Rua Luciano Cordeiro, 123 – 1º Esqº - 1069-157 Lisboa / Portugal
Telefs.: 213190240 – Fax: 213190249
e-mail: edi.70@mail.telepac.pt

www.edicoes70.pt

"Todos os meus leitores me fazem a mesma pergunta, que consiste em saber onde se encontram as obras, os monumentos, os sítios e os símbolos descritos neste livro."

DAN BROWN

"Espero que este guia vos forneça a resposta."

PETER CAINE

Índice

Prólogo

Este livro destina-se a todos os amantes de Paris, especialmente àqueles que gostam de deambular e observar. O nosso tema remete para a história do *thriller* de Dan Brown, *O Código da Vinci*.

Códigos dissimulados, sociedades secretas, seitas, controvérsias religiosas e monumentos misteriosos, tudo indícios que constituem a trama da história através de Paris e dos seus arredores: espera-vos uma aventura irresistível. Se o leitor é um explorador fervoroso da cidade, tenha ou não lido o célebre *Código da Vinci*, então este guia é para si.

Eis como nasceu.

Há mais de dez anos, eu e a minha mulher, ambos historiadores de arte, fundámos a «Paris Walks». O nosso propósito era dar vida aos 2000 anos de história, de cultura e de arquitectura de Paris.

Milhares de pessoas participaram nas nossas visitas guiadas para descobrirem as maravilhas de Paris, os seus museus, monumentos e bairros históricos. Há algum tempo atrás, começámos, como muitos outros, a ouvir falar de um livro novo, espécie de *thriller* que se desenrola em Paris, em que o conservador do Louvre é assassinado, envolvendo os protagonistas numa caça ao tesouro em busca de pistas dissimuladas nos quadros de Leonardo da Vinci.

Nos meses seguintes, sempre que eu acompanhava um grupo para visitar a igreja de Saint-Sulpice, interpelavam-me e perguntavam: «*Existe uma Linha da Rosa nesta igreja? Onde está o gnómon?*». Estas perguntas despertaram-me suficientemente a curiosidade para que fosse à procura do livro. Fui então deambular pela deliciosa livraria inglesa Village Voice, escondida por detrás da igreja de Saint-Sulpice, e comprei um exemplar. De volta a casa, comecei a ler e apercebi-me, tal como milhões de leitores antes de mim, de que não conseguia largar o livro. Era impossível folheá-lo sem conferir as reproduções das pinturas: tinha de verificar as afirmações do autor!

Na sua introdução, Dan Brown escreve: «*Todas as descrições de monumentos, obras de arte, documentos e rituais secretos são exactas*». Mas sê-lo-ão realmente? Afinal de contas, Dan Brown é romancista e o seu livro um *thriller*! Esta história fascinante suscita tantas perguntas quanto respostas. Queria, pois, tirar as coisas a limpo e não resisti à tentação de examinar por mim mesmo algumas afirmações e outros factos bizarros. Pus-me então a caminho. Como historiador, a minha primeira acção foi voltar às fontes e verificar se a história de Brown remetia para alguma realidade. Esta investigação levou-me a andar por Paris, que iremos agora percorrer com os nossos visitantes.

Os nossos guias, que se tornaram peritos neste domínio, pesquisam e conduzem visitas sobre este tema. Um deles é o genro do académico Hugh Schonfield, autor do livro *O Mistério Jesus*, publicado em 1967, uma das obras em que se inspira o *Código da Vinci,* entre outras. Esse livro suscitou muitas controvérsias: argumentos sedutores que incitam o leitor a levar mais além a sua própria busca da verdade. As minhas pesquisas sobre as fontes do *Código da Vinci* entusiasmaram-me e começou a amadurecer a ideia de partilhar os seus frutos.

A nossa visita intitulada «Itinerário *Código da Vinci* em Paris» foi rapidamente notada pelos editores Constance de Bartillat e Charles Ficat. Os seus encorajamentos transformaram esta visita num guia para uso dos «exploradores de segredos» em Paris.

Algumas das ideias preconizadas pelo romance suscitaram a controvérsia. Muitos dos alegados factos estimulam a imaginação. Para obtermos respostas verdadeiras, a única solução é seguir a pista e julgarmos por nós mesmos.

A capa da edição inglesa de *O Código da Vinci* apresenta um código em quatro partes. Oferecia-se uma viagem a Paris ao criptógrafo capaz de decifrar a mensagem. 40 000 pessoas deram a resposta!

O livro, os seus segredos, os seus códigos e a sua teoria da conspiração despertaram milhares de imaginações. Actualmente, foram escritos mais de uma dúzia de livros com o propósito de ajudar os leitores a decifrarem o livro de Dan Brown e os seus muitos códigos. Estas obras apresentam abordagens muito eclécticas: algumas são irónicas; outras, defensoras da Cristandade, vêem no *Código da Vinci* uma ameaça. Lançar um olhar esclarecido sobre as grandes questões do romance é o objectivo deste livro, que pretende ser também um guia original de Paris.

Introdução

Notre-Dame de la Belle Verrière (Chartres)

O *Código da Vinci* leva-nos numa viagem cujas origens remontam a um passado medieval. As sociedades ocultas, os Templários, o Priorado de Sião, a Maçonaria e outros grupos secretos utilizavam símbolos e códigos para proteger e transmitir os seus segredos mais preciosos. Encontramos vestígio deles em quadros, gravuras, esculturas, inscrições e objectos nos locais da intriga.

O autor leva o seu herói Langdon numa busca frenética para decifrar um código que revela o segredo mais cuidadosamente guardado de todos os tempos.

Se o leitor não leu *O Código da Vinci*, este guia, único no seu género, irá pelos menos iniciá-lo nos mistérios e enigmas de Paris. Se o leu, poderá reviver o desenrolar desta história palpitante e compreender o uso que Dan Brown dá aos sítios e monumentos escolhidos.

Este livro pretende ser um guia completo. Recenseia todos os lugares mencionados em *O Código da Vinci*, conta a história destes locais e fornece conselhos práticos e informações sobre estes monumentos invulgares, misteriosos e esotéricos.

Deslindamos também alguns fios dissimulados aqui e ali por Brown no seu romance. Por exemplo, a rua Haxo, citada na versão inglesa, existe realmente, mas não é perto de Roland-Garros, como o escreve autor. Existe um número 4, mas não há aí qualquer Banco Depositário de Zurique (na versão francesa, localizado na avenue de Longchamp). Todavia... Haxo é o anagrama de Hoax («mistificação» em inglês).

As cenas principais do livro desenrolam-se em dois locais: na igreja de Saint-Sulpice e no Louvre.

A igreja

Será que o romance de Dan Brown fará por Saint-Sulpice aquilo que *Notre-Dame de Paris*, de Victor Hugo, fez pela catedral?

No início do século XIX, Notre-Dame encontrava-se num estado lastimável. Não beneficiava do apreço então atribuído aos monumentos do Renascimento, emblemas de uma idade de ouro da civilização; a catedral evocava apenas lembranças guerreiras e um passado bárbaro.

Quando o livro de Victor Hugo apareceu, a catedral ganhou outra luz. Os visitantes voltaram aos milhares, desta vez cheios de admiração face à excepcional arquitectura.

Rapidamente se procurou proteger e preservar o edifício. Mas quase tarde de mais: as janelas da época medieval haviam sido grosseiramente retiradas em 1830, para fazer entrar mais luz, e o lintel da porta central selvaticamente mutilado, para permitir a passagem dos estandartes durante as procissões. Deve-se então a Quasimodo, o heróico corcunda, o facto de se ter posto fim a esta destruição.

Em *Notre-Dame de Paris*, faz-se referência a uma inscrição sibilina gravada na pedra da catedral. Terá ela sido aí colocada por um maçon? Por um alquimista? Muitos peregrinos e admiradores de Quasimodo começaram depois a afluir à procura desta inscrição curiosa para reviverem as melhores páginas do célebre romance.

Quasimodo, rua Saint-Julien

Hoje em dia passa-se o mesmo com a igreja de Saint-Sulpice, onde centenas de visitantes vão admirar o enigmático gnómon, debaixo do qual se diz estar escondida a «chave de abóbada» do Priorado de Sião, e ver o local do assassínio da irmã Bieil.

No entanto, a igreja adverte os visitantes de que não existe qualquer ligação real entre Saint-Sulpice e um romance recentemente publicado.

O Louvre

O actual conservador regozija-se com o facto de o museu beneficiar da afluência de um novo público e de os visitantes entusiastas contemplarem com um novo olhar as obras de Leonardo da Vinci, ainda que, no romance, o próprio conservador do museu seja assassinado...

Os curiosos vão à procura das menagens codificadas na *Gioconda* e nos *Pastores da Arcádia* de Nicolas Poussin.

Controvérsias e críticas

O sucesso mundial de *O Código da Vinci* não evitou polémicas e controvérsias. A doutrina religiosa, a teoria do Santo Graal, a alegada relação entre Maria Madalena e Cristo são objecto de críticas severas.

No entanto, estes conceitos não são novos! Há mais de 40 anos, o autor de *Alexis Zorba*, Nikos Kazantzakis, em *A Última Tentação de Cristo* evocava a relação entre Cristo e Maria Madalena... A Igreja Católica Romana pôs o livro no Index e a Igreja Ortodoxa chegou ao ponto de excomungar o autor.

Os erros na topografia de Paris suscitaram também muitas polémicas.

Não esqueçamos que este livro é um romance. Portanto, ao sabor dos achados do autor, descubra Paris, deixe voar a imaginação e, tal como os milhões de leitores que se deixaram enfeitiçar por este livro, entre na aventura...

PLANO DO GUIA

«Os sete selos». Contém um dicionário dos símbolos e apresenta as principais controvérsias suscitadas pelo livro.

«No criptex». Descodifica as personagens e os acontecimentos, explicando os significados do vocabulário esotérico utilizado por Dan Brown. Os códigos são também decifrados.

«A estátua perdida de Ísis». Desenvolve em detalhe a história da adoração da deusa, as suas origens e vestígios em Paris.

«As calçadas de Paris». Conduz-nos pelos principais locais evocados no romance.

«Sob as pirâmides». Uma visita guiada ao Louve «à *Código da Vinci*».

«O palacete de Villete e outros sítios». Leva-nos aos arredores de Paris.

«A chave de abóbada». Para saber mais.

Um **índice completo** facilita o acesso às curiosidades, incluindo as menos conhecidas.

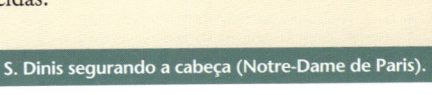

S. Dinis segurando a cabeça (Notre-Dame de Paris).

Os Sete Selos

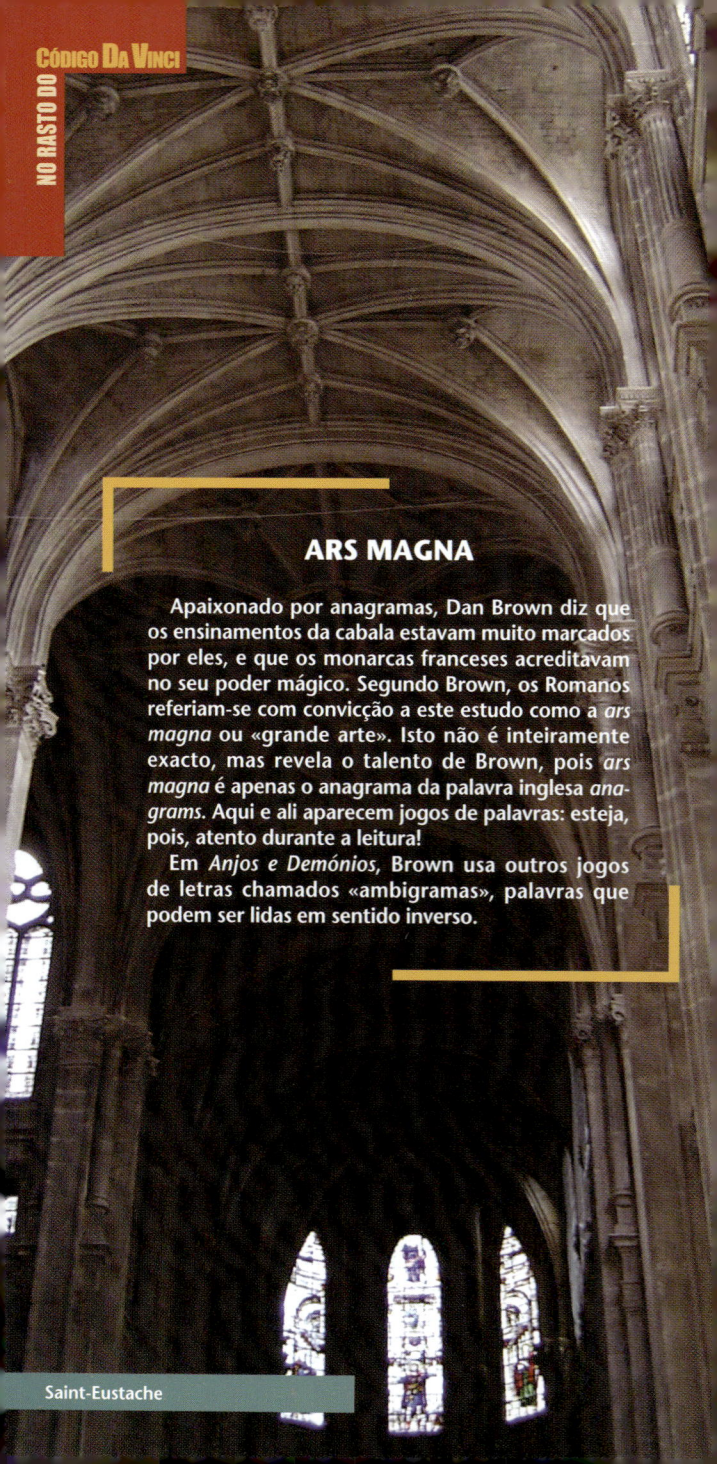

ARS MAGNA

Apaixonado por anagramas, Dan Brown diz que os ensinamentos da cabala estavam muito marcados por eles, e que os monarcas franceses acreditavam no seu poder mágico. Segundo Brown, os Romanos referiam-se com convicção a este estudo como a *ars magna* ou «grande arte». Isto não é inteiramente exacto, mas revela o talento de Brown, pois *ars magna* é apenas o anagrama da palavra inglesa *anagrams*. Aqui e ali aparecem jogos de palavras: esteja, pois, atento durante a leitura!

Em *Anjos e Demónios*, Brown usa outros jogos de letras chamados «ambigramas», palavras que podem ser lidas em sentido inverso.

Saint-Eustache

PEQUENO DICIONÁRIO DOS SÍMBOLOS

Os símbolos sagrados e profanos de Langdon

> *«Agora é preciso sabedoria. Quem for inteligente decifre o número da Besta, que é o número de um homem. E o seu número é 666.»*
> Apocalipse, 13,18

Este capítulo trata do poder dos símbolos. Vai buscar o nome ao último livro da Bíblia, o *Apocalipse*. A palavra apocalipse vem do grego e significa «revelação». Este livro fundador é uma alegoria fantástica que evoca estranhas criaturas, como o monstro de sete cabeças, os gafanhotos gigantes e um cordeiro de sete olhos e dez cornos. Trata-se de uma série de símbolos coerentes, como diria Langdon, o «simbologista» de Harvard. No início, são quebrados sete selos, e cada um deles revela as mensagens durante a visão de S. João.

O *Apocalipse* de S. João inspirou desde sempre os artistas religiosos. Alguns dos símbolos descritos em *O Código da Vinci* provêm desse livro, incluindo o número 666.

Ao longo dos tempos, o *Apocalipse* foi interpretado de diversas maneiras. Escrito no final do primeiro século, este livro expõe a condição dos cristãos durante o Império Romano e formula uma crítica codificada das potências não cristãs, principalmente Roma, simbolizada pela «prostituta de Babilónia». A besta representava então o imperador pagão Nero. Mais tarde, encarnou o Islão para os cruzados cristãos e,

23

depois, a heresia protestante para os católicos durante a Reforma e, para os luteranos, o papado corrupto.

Nos manuscritos medievais, vitrais, frescos, gravuras e tapeçarias encontram-se muitas vezes imagens fantásticas, de simbolismo obscuro. A rosácea da Sainte--Chapelle, que data do final do século XV, é o melhor exemplo destas imagens em Paris. Partindo do óculo central, a história é relatada em fusos concêntricos, que apresentam os acontecimentos ocorridos após a quebra dos sete selos.

666

Quando explica o significado do pentáculo ao comissário Fache, Langdon lembra que a dificuldade de decifração de um símbolo reside nas diferentes interpretações de que pode ser objecto.

Na cultura moderna, o pentáculo é associado à obra do diabo e utilizado como símbolo satânico nos filmes de terror. O mesmo se passa com o número 666: Dan Brown diz que se trata do número de painéis de vidro que compõem a pirâmide do Louvre.

Originalmente, este número apareceu no capítulo 13, versículo 18, do *Apocalipse* de S. João, onde é definido como «o número da Besta».

O estudo dos valores numéricos nas palavras designa--se por gematria. Consiste na associação de números às letras de um texto ou de uma palavra. Se analisarmos deste modo o nome de César Nero em grego, obtemos 666. É calculado em grego porque se trata da língua original do livro do *Apocalipse.*

No jogo de dados, se sair três vezes seguidas o número 6 dá azar. Será necessário referir o grande incêndio de 1666 em Londres? Dan Brown lembra, além disso, que o livro de meditações da Opus Dei é composto por 999 máximas. Presume-se que os membros segurem o livro no sentido correcto.

Na numerologia bíblica, o número 7 representa a perfeição: sete dias para a Criação, sete dias numa semana.

O 6 evoca a imperfeição, e 666 forma uma trindade da imperfeição. O nome de Jesus em letras gregas, analisado gematricamente, dá 888, número interpretado como o da perfeição suprema.

Alguns símbolos ao longo do tempo

Cordeiro ➤ Ver página 148.

Ankh. Cruz encimada por um laço, que aparece com frequência na arte egípcia. O significado original é ainda incerto, mas o seu sentido hieroglífico é «a vida». Este símbolo foi geralmente apanágio dos deuses, representado como uma oferenda aos reis, garantindo a vida eterna

às divindades. Designado também «cruz ansata», foi adoptado pela Igreja copta (Igreja cristã no Egipto, ➤ Ver capítulo sobre o Louvre, p. 159). Saunière acrescentou ao Louvre uma colecção suplementar de cruzes que evocam a deusa mãe e o dom da vida.

Anéis olímpicos. Langdon atribui uma origem esotérica aos anéis olímpicos. Segundo a Carta Olímpica, os cinco círculos foram escolhidos por Pierre de Coubertin, em 1913, para simbolizar a união dos cinco continentes. Os Jogos desenrolam-se de quatro em quatro anos, período designado por olimpíada.

Baphomet. Autêntica chave de *O Código da Vinci*, o Baphomet é representado como um ser humano com asas e cornos. Será que se tratava de um anjo rebelde? Sob tortura, alguns Templários confessaram venerá-lo. Ao associar o nome Baphomet à cifra Atbash, o Dr. Hugh Schonfield, especialista da Bíblia, obteve a palavra *sophia*, «sabedoria» em grego, mas Sophia é também a deusa considerada expressão do poder divino. Daqui se tira uma conclusão: alguns afirmam que os Templários veneravam esta ideia de «Sagrado Feminino».

Podemos ver uma fabulosa cabeça de Baphomet a encimar o pórtico da igreja de Saint-Merri.

Caduceu. Atributo de Mercúrio, é constituído por uma vara rodeada por duas serpentes entrelaçadas e encimada por duas asas. Diz a lenda que Mercúrio se serviu de um cajado para separar duas

25

serpentes. Foi assim que nasceu o célebre símbolo de paz, actualmente também o emblema das profissões médicas e um dos símbolos do comércio.

Qui-ró. Monograma que se pode ver na maioria das igrejas. É formado pelas letras gregas QUI e RÓ, as duas primeiras letras do nome de Cristo. Encontra-se frequentemente na arte cristã do século IV, muitas vezes colocado ente o alfa e o  ómega (ΛΩ). Abreviatura da palavra grega *chrestos*, que significa «de bom augúrio», foi utilizado na época pré--cristã para anunciar um bom presságio. Constantino adoptou o monograma e tornou-o numa das representações simbólicas do Império Romano. Diz a lenda que o monograma lhe apareceu num sonho antes de ir para a batalha.

Cruz grega. Cruz composta por quatro braços de igual comprimento.

Flor-de-lis. Utilizada pela monarquia francesa desde o século XII, a flor-de-lis, símbolo de pureza, é também, devido à sua forma em ponta de lança, uma representação da força militar.

IHS. Abreviatura do nome de Jesus em latim.

INRI. Abreviatura da inscrição latina colocada na Cruz «Iesus Nazarenus Rex Iudaeorum», «Jesus de Nazaré, Rei dos Judeus».

Lâmina e Cálice. (ΛV) representam, respectivamente, o falo ou o princípio masculino, e o útero ou princípio feminino. *O Código da Vinci* faz-lhes constantemente referência. Sobrepondo-se os dois símbolos, surge uma imagem da união sagrada entre o homem e a mulher, desenhando também os contornos imaginários do Santo Graal, que simboliza a união e a linhagem de Cristo. Apostos, a lâmina e o cálice formam a estrela de David. É também a forma da pirâmide invertida do arquitecto I. M. Pei que se encontra no Louvre.

Maçã. Símbolo muito importante no *Código da Vinci*. A palavra «maçã» abre o primeiro criptex. Na iconografia cristã, a maçã é o fruto da árvore do conhecimento e simboliza a queda de Eva.

Conceito oriundo da mitologia grega, nomeadamente da história das filhas de Atlas, que guardavam os frutos de ouro de uma macieira com a ajuda de uma serpente. O que não impediu que Hércules os roubasse. Na mitologia, Páris recompensa Vénus com uma maçã de ouro, presente que foi uma das causas da guerra de Tróia. As maçãs são também os atributos das três Graças, as servas de Vénus.

Pelicano. O pelicano não hesita em arrancar a carne da garganta para alimentar as crias. De um símbolo de sacrifício nasce então a lenda do pássaro que prefigura também a crucificação de Cristo.

Podemos ver uma magnífica escultura desta ave no tecto da sacristia da igreja de Saint-Sulpice.

Pentáculo. Representação religiosa pagã do Sagrado Feminino e da deusa divina. É também símbolo de Vénus, que traça um pentáculo no céu para evocar a beleza. A sua forma remete para a perfeição do número de ouro. O pentáculo foi também utilizado para evocar as cinco chagas de Cristo.

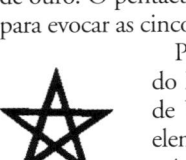

Para Pitágoras, o pentáculo é um símbolo do homem: *cf.* os cinco pontos do homem de Vitrúvio. Representa também os cinco elementos constitutivos do homem: a terra, a água, o fogo, o ar e o psiquismo.

Peixe. Símbolo de Cristo e do baptismo. A palavra grega para «peixe» (ΙΧΘΥΣ) são as iniciais de Jesus/ /Cristo/de Deus/o Filho/o Salvador. Nos séculos I e II, designavam-se os crentes por *pisciculi*, os «peixinhos», e as pias baptismais por *piscina*, literalmente «bacia de peixes».

As pias baptismais são geralmente octogonais: 7, o número do homem, e 1, o número de Deus, fazem 8, o número da perfeição suprema.

Rosa. Segundo Teabing, a rosa é o símbolo atribuído pelo Priorado de Sião ao Graal ou a Maria Madalena.

Associada ao pentáculo pelas suas cinco pétalas, a rosa [*Rose*] é também o anagrama de Eros, deus do amor físico. Adoptada pelos neoplatónicos, simboliza o amor puro e a Virgem Maria. Trazida da Terra Santa pelos cruzados, acaba por encarnar o símbolo de um amor romântico.

As rosas ou rosáceas das catedrais dedicadas à Nossa Senhora demonstram esta ideia: por exemplo, a estátua da Virgem Maria frente à rosa central da fachada ocidental de Notre-Dame de Paris.

Consagrada a Vénus na Antiguidade, a rosa torna-se seu atributo a partir do Renascimento. Desde então, as picadas de espinhos foram associadas às feridas do amor.

Santo Graal. Segundo a lenda, trata-se do cibório usado por Jesus na Última Ceia e, mais tarde, por José de Arimateia para recolher o sangue de Cristo após a sua crucificação. O tema do cibório miraculoso é pré-cristão. Símbolo feminino, representa o útero no qual nasce a vida. Fundamento da tradição alquímica na China antiga, o cibório, ou taça, chegou ao Norte da Europa no século XII. Os místicos medievais viam-no como representação da alma, que aspirava a ser enchida.

É nestas interpretações que assenta a teoria do *Código da Vinci*, segundo a qual o Graal seria nem mais nem menos do que o fruto das relíquias de uma Maria Madalena progenitora. O Graal seria composto por um túmulo, relíquias físicas e documentos relativos a Maria Madalena.

Santo Graal significa «taça sagrada» ou «cálice», mas pode ser também interpretado como o Sangue Real ou Sangue Régio.

Serpente. A «serpente vermelha» dos «Dossiers Secretos» simboliza a linhagem de Cristo. Na iconografia cristã, a serpente representa o Mal ou Satanás. Para os Antigos, simbolizava a fertilidade, a sabedoria e o poder da cura. Na capela da Sainte-Vierge, na igreja de Saint-Sulpice, a Virgem de Pigalle é representada a pisar uma serpente, triunfando assim sobre o pecado. A serpente é também a prudência: «Sede cautelosos como as serpentes» (*Mateus*, 10,16).

Suástica. É provavelmente o melhor exemplo do poder dos símbolos. A Suástica é bastante antiga. É tanto sinistrogira como dextrogira. Até ao aparecimento do nacional-socialismo, o símbolo tinha conotações positivas. Para os hindus, indicava os quatro pontos cardeais e simbolizava a estabilidade universal. Os budistas chamam-lhe *manji* e representa a harmonia universal. Para os jainistas, é um símbolo de bom augúrio. Até aos anos 30, Rudyard Kipling incluía uma suástica na capa dos seus livros a fim de assinalar o seu interesse pela cultura indiana. Muitas empresas adoptaram este emblema, como o Exército e a Força Aérea da Finlândia, a companhia sueca AESA e até os escuteiros na Grã-Bretanha.

Mas depois de adoptado pela Alemanha nazi, tornou-se símbolo de terror e de mal absoluto.

Uma destilação alquímica!

Muitos dos livros escritos sobre *O Código da Vinci* atacam violentamente o seu conteúdo e desmontam as teorias que desenvolve. Na sua maioria redigidos por autores cristãos, estes livros exprimem essencialmente uma crítica de natureza religiosa. Os quatro livros seguintes abordam os temas em profundidade. Para quem deseja saber mais, são perfeitos.

L'Énigme sacrée, Baigent, Leigh et Lincoln, Pygmalion, 1983 e 1987.

La Révélation des Templiers, Picknet et Prince, J'ai lu, 2004.

Le Mystère Jésus, Hugh Schonfield, Pygmalion, 1989.

Histoire des codes secrets, Simon Singh, J.-C. Lattès, 1999.

Um grande tesouro

Algures na Europa, terá sido escondido um grande tesouro. O seu conteúdo permanece desconhecido ou é mantido secreto, tal como a identidade dos seus descobridores. Em 70 d.C., os Romanos saquearam o Templo de Jerusalém e levaram o conteúdo do Santo dos Santos para Roma. Neste tesouro encontrava-se a Arca da Aliança, que iria pertencer aos reis merovíngios ou a Margarida de Provença. Esta terá levado consigo uma grande fortuna para pagar o resgate do seu marido São Luís [Luís IX], mas depois de saber que ele morrera, escondeu o dinheiro.

Os cátaros teriam também escondido um tesouro de valor extraordinário e de natureza sagrada, que seria transmitido aos Templários na época da cruzada contra os albigenses. Mais tarde, os maçons declararam-se descendentes dos Templários e é possível que se tenham tornado guardiões do tesouro. Sião é o símbolo do Templo. Terá o Priorado de Sião sido também seu guardião? E terá sido este o tesouro encontrado pelo verdadeiro Saunière em Rennes-le-Château?

Os votos de casamento

Instalou-se uma polémica acerca do grande tesouro, que seria mais do que um monte de riquezas. O tesouro simbolizaria o casamento de Cristo com Maria Madalena. Esta ideia tendia a provar que a divindade de Cristo seria apenas uma invenção humana. Cristo terá tido descendência: os Merovíngios. A *Lenda Áurea*, de Jacques de Voragine, associa Maria Madalena à França. As suas relíquias, incluindo um crânio, estão expostas na basílica Sainte-Marie-Madeleine, em Saint-Maximin- -de-Provence.

Alguns dos principais argumentos evocados mais à frente para sustentar a teoria do casamento de Cristo provêm do Novo Testamento, outros vêm dos Evangelhos gnósticos: se Cristo não tivesse sido casado, a Bíblia tê-lo-ia certamente mencionado. Nas Bodas de Canaã, Maria Madalena unta Cristo com nardo (planta aromática), unguento utilizado nas cerimónias de casamento. Este acontecimento poderia representar o seu próprio matrimónio. Jesus não terá feito voto de celibato (*Mateus* 19,4-5).

Maria Madalena encontra-se sempre ao lado de Cristo nos momentos mais importantes da sua vida: na crucificação e na sua inumação; após a Ressurreição, Cristo aparece primeiro a Maria Madalena.

Vejamos outros argumentos.

Jesus trata as mulheres de modo igual aos homens, enquanto que, mais tarde, os autores das *Epístolas* as tratam com negligência, apagando a sua presença. No *Evangelho de Maria*, um dos textos de Nag Hammadi, somos informados da incredulidade de André quando Maria Madalena anuncia que viu Cristo ressuscitado. Podemos ler aí também o ciúme de Pedro a respeito desta mulher.

Em *Lucas*, capítulo 7, versículo 35, Jesus qualifica as mulheres, tal como os homens, de «filhos da sabedoria», e no capítulo 8, os versículos 1 e 3 demonstram que as mulheres faziam parte do seu círculo íntimo.

Os gnósticos

Até à descoberta dos textos de Nag Hammadi, os gnósticos eram pouco conhecidos. Fortemente presente no século II, a sua doutrina religiosa foi considerada herética pela Igreja.

O Evangelho de Tomé é o mais vezes citado. Aqui, Cristo e Sophia aparecem com aspectos divinos e dão origem a um deus conhecido pelo nome de Pleroma. O *Pistis Sophia*, outro texto importante, associa esta Sophia a Maria Madalena.

Existe também um Evangelho gnóstico de Maria, que atesta a eminência de Maria Madalena.

Os gnósticos veneravam o Sagrado Feminino na pessoa de Maria Madalena. Os cátaros e os Templários conservaram esta tradição quando se tornaram os guardiões das suas santas relíquias.

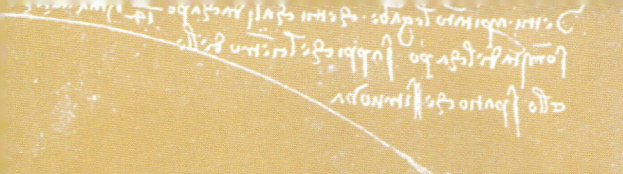

No criptex

Museu de Cluny

O criptex é um conceito genial. Este objecto não parece ter existido realmente, embora os Antigos tivessem muitas e engenhosas formas de proteger os seus segredos com o auxílio de códigos e dispositivos que podiam ser aferrolhados. No início do século V a.C., os Gregos utilizavam uma forma de criptex chamado cítala espartana. Este dispositivo continha uma mensagem escrita numa comprida faixa de couro ou pergaminho enrolada em torno de um bastão. A mensagem só podia ser lida se o destinatário enrolasse a faixa em torno de outro bastão do mesmo diâmetro, permitindo assim que as letras se alinhassem num texto coerente. Uma das muitas obras recentes sobre O Código da Vinci critica Brown a respeito da impossibilidade de um mecanismo como o criptex e afirma que o vinagre contido no frasco não podia realmente dissolver o papiro. Talvez seja verdade, mas é possível que lhe alterasse consideravelmente a tinta. Não há qualquer prova de que Leonardo da Vinci tenha inventado este dispositivo, e esta ideia é puro produto da imaginação de Dan Brown. O objecto em si mesmo, bem como o seu nome, são invenções brilhantes. A palavra «criptex» não aparece em nenhum dicionário. Trata-se de um neologismo provavelmente inventado por Dan Brown. No entanto, e aqui reside o enigma, se o criptex não existe realmente, como é que temos aqui uma ilustração dele? Parece que o verdadeiro Leonardo que se escondia por detrás do objecto é Justin Nevins. O leitor pode ver e até encomendar uma das suas obras em *www.cryptex.org*. Os criptex que ele fabrica são por si concebidos e obedecem às recomendações dos seus clientes.

O mundo de Sofia

O *Quem é Quem* de *O Código da Vinci*

Dan Brown oferece aos seus leitores um conjunto de personagens muito colorido, qualificados pelos críticos como banais e superficiais. Note atentamente como os seus traços de carácter, os pequenos pormenores da sua personagem e os seus nomes são hábil e estrategicamente escolhidos.

Procuremos e imaginemos o que cada um deles poderia fazer em Paris, os locais, monumentos ou curiosidades que, sem dúvida, lhes teriam atraído o olhar e a atenção.

Sandrine Bieil

Estas duas palavras estão associadas à demanda do Graal.

O abade Bieil era o director-geral do seminário de Saint--Sulpice quando Saunière lhe trouxe os misteriosos documentos descobertos na sua igreja de Rennes-le--Château.

Gino Sandri, que Brown transformou em «Sandrine», era o secretário particular de Pierre Plantard, Grão-Mestre do Priorado de Sião. A religiosa, guardiã da chave de abóbada, é assassinada por Silas na igreja de Saint-Sulpice.

Como vivia na igreja, faria as compras no mercado coberto de Saint-Germain. Na loja monástica de Paris, compraria provavelmente produtos caseiros, compotas, biscoitos, incensos e óleos essenciais.

➤ Mercado de Sint-germain, 75006 (lojas de alimentos, e restaurantes. Metro: Odéon ou Mabillon.

➤ Produtos monásticos: loja de la Fraternité monastique de Jérusalem, 10, rue des Barres, 75004. Metro: Hôtel--de-Ville.

➤ Existem várias casas especializadas em objectos de culto junto à igreja de Saint-Sulpice, em especial na rue du Vieux-Colombier.

O bispo Aringarosa

O cardeal da Opus Dei esforça-se por salvar a sua igreja e tenta apoderar-se do Graal antes de qualquer outra pessoa. Ainda que muito determinado, deixa-se enganar. Envergonhado face às mortes engendradas pelas suas acções, não deixa de ser menos indulgente para com Silas, de quem é o chefe, como

Frollo, amo de Quasimodo. A etimologia italiana do seu nome, Aringa e Rosa, significa «hareng saur». (Em inglês, a expressão significa «pista falsa».) Note-se a palavra «rosa» escondida no seu nome. O seu primeiro nome, Manuel, significa «guia».

Os locais preferidos de Aringarosa poderiam ser:

➤ **A igreja de São Vicente de Paulo, homem associado à Companhia do Santo Sacramento. Os restos mortais do santo estão conservados num espectacular relicário vidrado, visível na capela da Congregação da Missão Lazarista, 95, rue de Sèvres, 75006. Metro: Vaneau.**

➤ **A igreja da medalha miraculosa, rue du Bac, 75007. Metro: Sèvres-Babylone.**

➤ **O túmulo de Richelieu, onde este, vencido pela morte, é levado por duas musas, com o seu enorme chapéu de cardeal esvoaçante, suspenso acima do sepulcro na capela da Sorbonne. Place de la Sorbonne. Metro: Cluny.**

Jérôme Collet

O inspector Jérôme Collet é o assistente do comissário Fache.

Conduz mais ou menos bem a investigação, mas parece estar sempre atrasado, apesar de ter um nome (Collet significa «gola» ou «gargalo») predestinado a levar os fugitivos à armadilha.

O olhar do cavaleiro de armadura que domina o gabinete de Saunière põe-no pouco à vontade quando se encontra sozinho, à noite, na sala do conservador assassinado.

Uma visita às galerias de armaduras medievais e do Renascimento do museu militar dos Invalides, onde se encontra o túmulo de Napoleão, poderia ser um remédio para a sua fobia.

➤ **Les Invalides. Metro: Varenne ou Invalides. Aberto todos os dias das 10 h às 17 h.**

Comissário Bézu Fache

Esta personagem é logo descrita como «um touro furioso», daí a sua alcunha «o touro».

Bézu Fache é profundamente religioso e dará mostras de grande compaixão para com monsenhor Aringarosa.

É descrito no capítulo IV do romance: «Tinha cabelos pretos e reluzentes de gel, esticados para a nuca, destacando o bico-de-viúvo pontiagudo como uma seta que lhe dividia ao meio a testa proeminente e o precedia como a proa de um navio.»

Sempre furioso, Fache faz jus ao nome (*fâché* significa «zangado»). O primeiro nome, Bézu, designa uma montanha misteriosa, perto de Rennes-le-Château, referida na história e lenda dos Templários.

O comissário trabalha para a DCPJ, a Direcção Central da Polícia Judiciária.

O local favorito de Bézu Fache poderia ser:

> ➤ **O museu da Polícia, onde está exposta uma impressionante colecção de documentos e objectos que evocam crimes e enigmas policiais célebres, bem como uma lâmina de guilhotina que data da Revolução Francesa. Musée de la Police, 4, rue de la Montagne Sainte-Geneviève. Metro: Maubert-Mutialité. Aberto das 9 h às 17 h. Encerrado ao domingo. Entrada gratuita.**

Jonas Faukman

Trata-se de mais um anagrama subtil! Jason Kaufman é o editor actual de Dan Brown. O seu papel, ainda que secundário na história do livro, é determinante e uma das suas intervenções é muito eloquente. É ele quem envia a Saunière uma cópia do manuscrito de Langdon, levantando sem querer as suspeitas de assassínio em relação ao escritor.

Quando Langdon apresenta ao editor o seu manuscrito *Símbolos do Sagrado Feminino Perdido*, Faukman diz-lhe: «Você é professor na Universidade de Harvard, que diabo; não é um estouvado ávido de dólares fáceis!» Diz-se que Kaufman negociou com Dan Brown um contrato de meio milhão de dólares para dois livros.

Em Paris, qualquer editor americano poderia deambular pelas ruas do Quartier Latin, onde os editores escolheram domicílio desde que a Sorbon a obteve a sua primeira prensa tipográfica no fim da época medieval.

Claude Grouard

Subchefe da segurança do museu do Louvre, Claude Grouard vê-se obrigado a libertar Langdon e Sophie quando esta ameaça rasgar uma tela de Caravaggio. Subchefe dedicado, tem grande admiração pelo seu chefe Saunière. O seu nome é o anagrama em inglês de *ardour* («fervor») e *cudgel* («cacete»).

Robert Langdon

Eminente especialista de simbologia em Harvard (o termo «simbologista» não existe, mas certamente entrará em breve no dicionário). Parece que um tal John Langdon, este bem real, é o inventor do termo ambigrama. Com efeito, algumas palavras podem ser lidas da mesma maneira em sentido inverso. Charles Jenks, jardineiro escocês, criou até um jardim sobre este tema. Robert Langdon, quarentão de espírito brilhante, é especialista nos símbolos do Sagrado Feminino.

Lang para «língua» e *don* para «professor de universidade», o seu nome é o anagrama de *art golden born*. Em inglês: «nascido de uma arte dourada».

Os seus sítios preferidos poderiam ser:

➤ O museu dos Archives nationales, 87, rue Vieille-du-
-temple.

➤ O gabinete de Médailles et Antiques.

➤ A Bibliothèque national, 58, rue de Richelieu (entrada gratuita). Metro: Bourse ou Pyramides.

➤ A Bibliothèque national François-Miterrand, 11, quai François-Miterrand. Metro: Bibliothèque. Edifício moderno com quatro torres, que representa livros abertos em torno de um pinhal.

Além disso, por ter caído na armadilha de uma pintura de Dali, poderia arriscar uma visita ao ➤ Museé l'Espace Dali, 11, rue Poulbot, 75018. Metro: Abesses. Aberto todos os dias das 10 h às 18 h 30.

Rémy Legaludec

É o elegante e muito ambicioso mordomo de Teabing. Faz os trabalhos sujos do velho historiador, a quem salva de embaraços por várias vezes. Mas o seu ingrato patrão, conhecendo-lhe a alergia aos amendoins, servir--se-á destes para o assassinar cruelmente. Os anagramas ingleses do seu nome correspondem a dois dos seus papéis: *a cudgel merely* («um simples cacete») e *allergy* (alergia).

Existe um belo parque no 13.º bairro, o jardim René-le--Gall, cujas árvores ladeiam as margens do antigo Bièvre, rio hoje desaparecido. É provável que Rémy Legaludec passeasse por este jardim.

Ornamentado com obeliscos e pérgulas, é o local ideal para um piquenique. Nas proximidades existe uma maternidade, a Villa Isis.

Pode-se também visitar o observatório de Paris, perto do metro Port-Royal. (Ponto de partida da Linha da Rosa.)

O seu gosto pelas escutas tê-lo-ia provavelmente levado a visitar o **➤ Musée de la Radio, Radio France, 116, avenue do Président-Kennedy. Metro: Ranelagh. Encerrado ao fim-de-semana. Reserva obrigatória pelo número 01 56 40 21 80.**

Béranger Saunière

Esta personagem bem real, no centro do mistério de Rennes-le-Château, era um simples abade. A história da sua vida é um emaranhado de pistas confusas que despertou a paixão dos investigadores. A sua história é o catalisador de *O Código da Vinci*. As despesas súbitas e extravagantes de um simples abade despertaram suspeitas: foi acusado de vender missas e suspenso. Saunière apelou para o Vaticano, que lhe anulou a sanção, e foi reintegrado no seu ministério de cura de Rennes-le-Château. Por aqui se vê como era um homem de influência e bem relacionado!

Morreu a 17 de Janeiro de 1917, dia de Saint-Sulpice. Esta data figura também numa das pedras tumulares do cemitério da sua igreja. O epitáfio era uma mensagem anagramática, cheia de referências a Poussin.

Ver a passagem sobre Poussin no capítulo «O Louvre».

Saunière poderia ficar fascinado pelo **➤ Musée de la Contrefaçon, 16, rue de la Faisanderie, 75016. Metro: Porte--Dauphine. Aberto à segunda e quarta-feira das 14 h às 16 h 30, e à sexta-feira das 9 h 30 às 12 h.**

Jacques Saunière

Conservador-chefe do museu do Louvre e Grão-Mestre do Priorado de Sião, Jacques Saunière é avô de Sophie. Especialista em símbolos e apaixonado pela história das deusas antigas, é também o guardião do Graal. É um homem ocupado, que, apesar das suas várias funções, ainda tem tempo para praticar o *Hieros Gamos*. Ver o capítulo «Código» para redescobrir a incrível mensagem que ele consegue ainda deixar no Louvre antes de exalar o seu último suspiro. **➤ Ver p. 165.**

A morte trágica de Jacques? Talvez um incitamento para visitar o **➤ Cemitério do Père-Lachaise, 75020. Metro: Père-Lachaise,** onde se encontram túmulos de celebridades e de pessoas menos conhecidas, tão belos quanto macabros – aberto todos os dias.

Silas

Silas é um colosso albino. À semelhança de Quasimodo, foi recolhido por um alto eclesiástico. A sua devoção à Opus Dei leva-o a cometer uma série de cinco assassinatos.

O seu nome é inspirado numa personagem da Bíblia, cuja história é evocada nos *Actos dos Apóstolos* (cap. 15 e 16), em especial no capítulo 16, versículo 26. Silas é um dos companheiros de Paulo. Ambos fogem da prisão graças a um tremor de terra que destrói o edifício. O versículo 41 do capítulo 15 evoca o Cilício, que lembra tanto o nome da personagem como o cilício que usa à volta da coxa.

O leitor pode visitar a rua la-Bruyère, no 19.º bairro, para imaginar a casa onde Silas goza um repouso bem merecido após o assassínio de Sandrine Bieil.

Não consegue descobrir a Opus Dei? Não admira! Visite então o museu Gustave-Moreau, para aí admirar as suas magníficas telas simbolistas, onde figura a célebre *Aparição*, uma das provas do livro *A Revelação dos Templários*, ou ainda o museu da Vie Romantique, em memória de George Sand, Chopin e da vida da Boémia do século XIX.

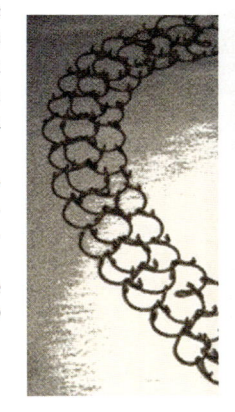

➤ Musée Gustave-Moreau, 14, rue de La--Rochefoucauld, 75009. Metro: Trinité. Aberto das 10 h às 12 h e das 14 h às 17 h. Encerrado à terça-feira.

➤ Musée de la Vie romantique, 16, rue Chaptal, 75009. Metro: Trinité. Aberto das 10 h às 18 h. Encerrado à terça-feira.

Sophie Neveu

O seu nome contém indícios oportunos, a começar pelas iniciais do Priorado de Sião; o seu avô chamava-lhe Princesa Sophie. Neveu, pronunciado à inglesa, dá o som *new* («novo») e *Eve* («Eva»). Seria Sophie a Nova Eva? O anagrama do seu nome poderia ser *Oh Supine Eve* «Ó Eva deitada», que evoca as mulheres perdidas, condenadas à submissão.

Em grego, *sophia* significa a «sabedoria» e a «ciência». O termo contém também a sílaba *phi*, que designa o número de ouro. Os gnósticos consideram Sophia (ou Sofia) a esposa mística de Cristo, crença que assenta num texto de Nag Hammadi intitulado «Sofia».

Será a própria Sophie Neveu uma espécie de Graal, que contém a linhagem de Cristo? Dan Brown faz alusão a isso, mas prefere não responder à questão. Este nome de brilhante carácter inventivo transborda de códigos sibilinos.

A versão francesa do site «Friends re-united» («velhos amigos») reporta 10 081 famílias «Neveu» em França e, o que não surpreende, nenhum Bézu.

Sophie é uma atraente parisiense fora de moda, vestida com umas calças pretas justas e uma camisola larga; o espesso cabelo castanho arruivado cai-lhe naturalmente sobre os ombros. É provável que frequentasse a feira da ladra da Porte-de-Clignancourt e poderíamos, por que não?, convidá-la para ir ao palácio Galliera, para aí visitar o ➤ **Musée de la Mode, avenue du Président-Wilson, 75016. Metro: Iéna ou Pont-de-l'Alma.**

O facho da Liberdade perto da ponte de l'Alma tornou-se o monumento oficioso de um ídolo feminino moderno, Lady Diana.

Teabing Leigh

Este homem culto é um mestre que nos poderia ensinar muitas coisas! É o cavalheiro inglês por excelência, daí o *tea* («chá») no seu nome. Teabing é o anagrama de Baigent, um dos três autores de *O Enigma Sagrado*, sendo Leigh o nome de um dos outros. Brown faz também referência ao terceiro, Lincoln, na vida de Teabing, quando fala dos produtores da BBC seduzidos pelas revelações do historiador.

De início, a personagem parece um miúdo traquina encantador, que, mais tarde, se revelará um traidor. Será este o reflexo da opinião pessoal de Brown sobre os autores de *O Enigma Sagrado*? Teabing é também imensamente rico! A sua loja preferida seria a Galeria Jouffroiy, onde estão expostas bengalas de colecção.

➤ **M. G. Segas, 34, passage Jouffroy, 75009.**

➤ **Passage des Panoramas, passage Jouffroy e passage Verdeau, 75002 e 75009, Metro: Grands-Boulevards (postais antigos, cartas, documentos e livros de ocasião).**

➤ **Musée des Lettres et des Manuscrits, 8, rue de Nesle, 75006. Metro: Odéon ou Pont-Neuf. Das 10 h às 18 h. Encerra à segunda-feira.**

Pamela Gettum

Irresistível Pamela! Simpática, charmosa, sorridente e eficiente! O seu primeiro nome é um achado de Brown retirado de referências gregas. Foi Philippe Sydney quem inventou este nome em 1580 no *Romance Arcadia* (mais uma referência a Poussin?), no qual associa *pan* (o «Todo», em grego) e *meli* («mel»). A nossa jovem bibliotecária é certamente «toda mel». O processo literário que lhe é consagrado no capítulo 92 é quase shakespeariano: os seus olhos estão por toda a parte, o que é perfeito para uma bibliotecária. Usa óculos de lentes grossas, pisca os olhos duas vezes a cada três frases, dá olhadelas rápidas e chega até a fazer chá aos nossos dois investigadores cansados.

Os seus locais preferidos em Paris deviam ser as livrarias anglófonas:

➤ **The Red Wheelbarrow, 22, rue Saint-Paul, 75004. Metro: Saint-Paul.**

➤ **Village Voice, 6, rue Princesse, 75006, Metro: Mabillon.**

➤ **San Francisco Bookstore, 17, rue Monsieur-le-Prince, 75006. Metro: Mabillon ou Odéon (livros usados).**

➤ **Tea and Tattered Pages, 24, rue Mayet, 75006. Metro: Duroc (livros usados e salão de chá).**

➤ **Musée des Lunettes et Lorgnettes, 85, rue du Faubourg--Saint-Honoré, 75008. Metro: Champs-Élysées-Clemenceau.**

André Vernet

Director da sucursal parisiense do Banco Depositário de Zurique, André Vernet é também o protector da chave de abóbada. É um velho amigo de Saunière. Note--se que as suas iniciais são A e V, símbolos da lâmina e do cálice. O seu nome aparece também nos agradecimentos do autor. Será ele o feliz director do seu banco? Neste caso, o seu local de visita preferido seria o ➤ **Musée de la Monnaie, 11, quai Conti, 75006. Metro: Pont-Neuf,** onde se pode descobrir a história da moeda, do fabrico das moedas e das medalhas, e admirar uma colecção de moedas de todas as épocas.

Pormenor do gnómon de Saint-Sulpice

O glosário de *O Código da Vinci*

Alquimia/alquimista: ➤ Ver parágrafo «casa de Nicolas Flamel», pp. 107-108.

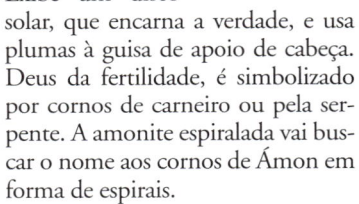

Ámon: deus egípcio cujo nome significa «aquele que está escondido», é con-

siderado o poder por detrás do Sol. Exibe um disco solar, que encarna a verdade, e usa plumas à guisa de apoio de cabeça. Deus da fertilidade, é simbolizado por cornos de carneiro ou pela serpente. A amonite espiralada vai buscar o nome aos cornos de Ámon em forma de espirais.

Apócrifo: palavra grega que significa «coisas escondidas». Originalmente, esta expressão designava os escritos reservados aos membros de uma sociedade secreta ou de uma seita. Para os cristãos, designa os textos que não estão na Bíblia. Há duas categorias de apócrifos: os livros que não foram recenseados no Antigo Testamento hebraico, mas que estão na Septuaginta, ou Bíblia dos Setenta (a tradução grega pré-cristã dos textos hebraicos), e os 40 livros rejeitados sobre as personagens do Antigo e Novo Testamento e que não constam da Bíblia cristã. Parte da iconografia cristã vem desses livros. ➤ **Ver Heliodoro, no capítulo sobre Saint-Sulpice.**

Arago (as placas): estes medalhões materializam uma ideia abstracta, que indica o meridiano de Paris.
➤ **Ver p. 128 (Mira do sul).**

Árvore de Jessé: representação pictórica da árvore genealógica de Cristo. Muitas vezes visível nos vitrais, como na Notre-Dame, Sainte-Chapelle, basílica Saint-Denis e também na catedral de Chartres. Existe igualmente uma árvore de Jessé esculpida em Cluny. A iconografia baseia-se na profecia de Isaac (11,1-3), segundo a qual um messias surgirá da família de Jessé, pai de David. Jessé é geralmente representado deitado junto de uma árvore que cresce a partir dos seus rins.

Armadura: usada pelos cavaleiros e nobres. A história da armadura é contada no museu dos Invalides ➤ **Ver p. 37.**

Cátaros: seita cristã que recusou reconhecer a autoridade papal. Os cátaros consideravam a cruz o símbolo da tortura humana e desaprovavam o comércio lucrativo das Relíquias Santas. Acreditavam na união de Cristo e Maria Madalena e foram perseguidos pela Inquisição entre 1209 e 1255, data em que foram considerados derrotados. Poucos testemunhos das suas crenças sobreviveram, para além dos revelados nos relatórios da Inquisição. Suspeita-se que teriam escondido um imenso tesouro, que podia ser aquele que Saunière encontrou em Rennes-le-Château.

Cavaleiros Templários: ➤ **Para a história dos Templários, ver pp. 99, 103 e 114-121.**

Cilício: cinto de crina áspera com puas, usado por alguns membros da Opus Dei em sinal de mortificação corporal. Teabing não ignora que Silas usa um destes cintos à volta da coxa, e dá-lhe uma forte bengalada nesse sítio no momento em que este quer roubar a chave de abóbada.

Clóvis: primeiro rei cristão de França, que foi baptizado em Reims no dia de Natal de 496, dando origem neste local à tradição do coroamento real. Clóvis era merovíngio e o nome desta dinastia vem do seu avô Meroveu. Faleceu em 511, em Paris. Podemos ver o seu túmulo na basílica de Saint-Denis.

Constantino: em 377, após uma visão e uma vitória militar que atribuiu à intervenção divina, converteu-se ao cristianismo. Funda a Constantinopla cristã e manda construir os primeiros monumentos, entre os quais se encontra a igreja do Santo Sepulcro em Jerusalém. A sua mãe, Helena, fez uma peregrinação em busca das

Jardim do palácio de Sully

Santas Relíquias (acontecimento relatado num vitral na Sainte-Chapelle ➤ **Ver p. 101**). Constantino foi baptizado momentos antes de morrer.

Concílio de Niceia: primeiro concílio ecuménico da Igreja, reunido em Niceia, hoje Iznik, na Turquia. Aquilo que estava em causa e os temas debatidos constituem o núcleo de *O Código da Vinci*. Os assuntos discutidos diziam respeito à doutrina da Santa Trindade e à divindade de Cristo. O Credo de Niceia proclamou Jesus como «consubstancial ao Pai» e afirmou o Verbo «engendrado, não criado». O Credo foi modificado num segundo concílio, em 381, tornando-se o Credo Niceno, recitado actualmente na celebração da missa católica.

Cruz gamada: cruz ornamentada com pedras preciosas usada por Fache em *O Código da Vinci*. Alguns exemplares visigodos encontram-se expostos no museu de Cluny, suspensos nas coroas votivas de ouro (Sala 16).

Dagoberto: rei dos Francos da dinastia merovíngia em 639. Pode visitar o seu túmulo na basílica de Saint Denis.

Disciplina: chicote feito de correias, de que se serve Silas em *O Código da Vinci* para mortificar o corpo. Objecto utilizado desde tempos antigos, tal como a camisa de crina.

Dossiers secretos: nome dado aos documentos relativos ao Priorado de Sião, incluindo «A Serpente Vermelha». Os textos terão sido escritos por um tal Henry Lobineau, que é também o nome de uma das ruas situadas atrás da igreja de Saint-Sulpice. Diz--se que os dossiers foram depositados na Biblioteca Nacional de França em 17 de Janeiro de 1967, dia de Saint-Sulpice.

Et tu Robert?: pergunta feita a Langdon pelo bispo católico de Filadélfia após aquele aparecer na televisão a defender a sua teoria do Graal. Remete para a pergunta de César a Brutus «*et tu Brutus?*», que significa «também tu, Brutus?», feita por César quando percebe que Brutus o vai assassinar.

Maçonaria: sociedade cuja origem remonta certamente às corporações da época medieval. Um documento do arcebispo de Cantuária menciona a existência de maçons em 1396. Originalmente, as lojas em que se reuniam eram cabanas temporárias situadas nos estaleiros das catedrais. Utilizavam um sistema de códigos complexos, símbolos, ritos e rituais que só os iniciados podiam compreender. Não se consideram uma sociedade secreta, mas reivindicam estar na posse de segredos não divulgáveis. Para aderir à Maçonaria, é preciso ter mais de 21 anos, crer na existência de um ser supremo e ter um registo criminal limpo. Existem museus da maçonaria em muitas cidades. ➤ **Em Paris: Grand Orient de France, 16, rue Cadet, 75009 ou nos Grands Boulevards. Aberto de terça a sábado, das 14h00 às 18h00.**

Gárgulas: escoadouros salientes pelos quais escorrem as águas da chuva; goteiras das igrejas e das catedrais, geralmente esculpidas na forma de criaturas fantásticas. O seu nome tem origem no gorgolejar da água. Podem ser admirados alguns exemplos magníficos em Notre-Dame, Saint-Merri, Saint-Séverin e muitas outras igrejas de Paris.

Hermes Trismegisto: foi o inventor de todas as ciências. Trismegisto significa «três vezes grande».

Hieros Gamos: ➤ Ver p. 66.

Meridiano: significa «do sul». Qualquer arco imaginário, perpendicular ao Equador, que passa pelos dois pólos terrestres Norte e Sul. Qualquer corpo celeste que atinge o seu ponto mais alto no céu está no seu meridiano: o Sol está no meridiano ao meio-dia (hora local). Para criar o seu próprio meridiano, o leitor deve escolher o sítio por onde deseja que ele passe, espetar aí uma vara, verificar se está na vertical e traçar um círculo perfeito em volta. A circunferência será a do raio determinado pelo comprimento da sombra projectada pela vara a uma hora exacta, digamos às 10h00, que representa o ponto A. Siga a sombra ao longo do dia no círculo e trace o círculo exactamente no momento em que se encontrar no lado oposto, representando o ponto B. Trace a linha A-B, divida-a em duas e marque o ponto C. O meridiano é a linha traçada a partir do pé da vara e que passa pelo ponto C. O leitor pode agora criar o seu próprio gnómon.

Merovíngios: nome da antiga dinastia dos reis francos, extinta em 737. O último merovíngio foi Teodorico IV, cujo filho Quilderico II foi destronado. Em França, estes reis são conhecidos como «os Reis Indolentes». A história de *O Código da Vinci* corrobora a ideia de que a dinastia descende da união de Cristo e Maria Madalena.

Mira do norte/sul: indicadores norte e sul do meridiano de Paris. ➤ Ver pp. 108 e 128.

Opus Dei: esta organização discreta, fundada pelo espanhol José Maria Escrivá de Balaguer em 1928, atraiu a atenção pública especialmente a partir da publicação de *O Código da Vinci*. O papa João Paulo II conferiu-lhe a independência e o estatuto de prelatura pessoal em 1982: entidade jurisdicional no seio da própria estrutura hierárquica da Igreja. O papa João Paulo II beatificou monsenhor Escrivá em 2002. A Opus Dei conta com cerca de 80 000 membros em todo o mundo. Os membros residentes da Opus Dei fazem voto de celibato, praticam «a mortificação corporal» com um cilício (como Silas) e tudo o que fazem é controlado pela hierarquia. Dan Brown dá o endereço do sítio de Internet de prevenção à Opus Dei, *www.odan.org.*, uma leitura lúgubre mas fascinante.

Phi: ➤ Ver p. 139.

Pedra filosofal: conceito alquímico, símbolo do saber impossível de adquirir. A pedra refere-se também às matérias-primas que permitem que o elixir transforme os metais de base em ouro. No musée des Arts et Métiers, uma fonte esculpida mostra um navio em baixo-relevo, que simboliza a alquimia, com a pedra situada à direita do mastro.

Priorado de Sião: ➤ Ver Saint-Sulpice, p. 135 e os Templários, p. 114, ou então, para saber mais sobre esta intrigante sociedade secreta, participe numa das viagens guiadas em inglês «Da Vinci Code» da Paris Walks. Todos os sábados. Para visitas guiada noutra língua, informe-se no número 01 48 09 21 40.

SmartCar™: Sophie conduz um Smart, muito na moda. Muito prático para estacionar em Paris, este pequeno automóvel nasceu da colaboração entre a Swatch e a Mercedes-Benz, em 1994.

Tarot: Brown cita o tarot e a série de pentáculos. Em França, o jogo mais tradicional, o tarot de Marselha, é fabricado pela sociedade Grimaud. Pode ser usado tanto para jogar como para a arte da adivinhação. Não há séries de pentáculos nos baralhos de cartas tradicionais franceses. Este baralho de cartas é composto por chagas maiores e menores, onde se fala de ouros, paus, copas e espadas. A versão *art deco* de Ryder White contém a série de pentáculos. A origem do tarot remonta a 1450. A imagética cristã do início foi adoptada no século XVII pela alquimia e pela astrologia.

O tarot de Marselha data de 1760.

➤ **Ver musée de la Carte à jouer, 16, rue Auguste-Gervais, 92130 Issy-les-Moulineaux.**

Tetramorfo: os quatro símbolos do Evangelho, que têm origem no livro do *Apocalipse.* Mateus, o homem alado; Marcos, o leão; João, a águia, e Lucas, o touro. Podemos ver estas representações em muitas igrejas. O tetramorfo mais belo encontra-se em Chartres.

Tetramorfo de Chartres

Sexta-feira 13: data da prisão dos Templários, associada ao azar pelos supersticiosos.

Veneração da deusa: a veneração da deusa e a sua repressão constituem os temas principais de *O Código da Vinci*. ➤ **Ver capítulo Ísis, p. 61.**

WICCA: associação moderna de feiticeiras brancas. A feiticeira-mãe e terra, alimentadora e curandeira, foi violentamente combatida pela Igreja, em especial nos séculos XVI e XVII. Houve quarenta a sessenta mil vítimas. Langdon, apaixonado pelas Wicca, avança o número de 5 milhões.

Os códigos

Cifra Atbash: código extremamente antigo, que consiste numa mera substituição de valor, em que a primeira letra do alfabeto é substituída pela última, a segunda pela penúltima e assim sucessivamente, até que o alfabeto fique totalmente invertido. Exemplo: A = Z, B = Y, C = X. O nome deste código vem do sistema de codificação hebraico e contém quatro sílabas do alfabeto hebraico: primeira letra seguida pela última, depois a segunda pela penúltima. Em *Jeremias*, 25, 26, Chechaque torna-se Babel. Hugh Schonfield aplicou este sistema de código a Baphomet e o resultado foi Sophia. ➤ **Ver Baphomet, pág. 25.**

Cifra de troca de César: utilizada por César… e por Dan Brown na capa da primeira edição do seu livro. Para a era informática, é um código fácil de desvendar. As letras do alfabeto são ligadas a um dado número. É semelhante à cifra Atbash, com a diferença de que não há interversão, apenas uma troca. Por exemplo, se o número dado é três, então a letra C torna-se A, a letra D torna-se B e a letra E torna-se C. Muitas letras são mais frequentemente utilizadas, como a letra E. Assim, para descodificar uma mensagem, basta determinar a letra com mais ocorrências e colocá-la em equação com E. Percebe-se então a que ritmo estão as letras trocadas.

O cilindro de Jefferson: por volta de 1800, Thomas Jefferson inventou o «cilindro»: um sistema de mensagens codificadas que consiste numa série de rodas encaixadas ao longo de um eixo fixo e que podem girar independentemente umas das outras relativamente a esse eixo.

Em cada roda encontravam-se as letras do alfabeto representadas por um símbolo e escritas sem ordem fixa. Se o correspondente tivesse o mesmo conjunto de caracteres, podia descodificar a mensagem.

Michael Drosnin: Autor de *O Código da Bíblia*. Após um encontro com o matemático Eliyahu Rips, Drosnin expõe uma teoria segundo a qual a Bíblia está repleta de previsões codificadas. Convicto da veracidade dos códigos, chegou a anunciar a Ytzhak Rabin o seu próprio assassinato. Alguns meses depois, a previsão realizou-se.

Leonardo da Vinci: redigiu muitos dos seus textos com uma escrita invertida, o que não lhe dava qualquer garantia de protecção; mas, numa época em que muita gente era iletrada, este processo impedia que o comum dos mortais acedesse aos seus escritos.

Palíndromo: conjunto de palavras que pode ser lido indiferentemente da esquerda para a direita ou da direita para a esquerda. Exemplo: «Saúda e paga o ágape a duas».

Vaticano: utiliza os seus próprios códigos secretos desde há séculos.

Os Grão-Mestres ou Navegadores do Priorado de Sião em Paris

Entre 1188 e 1963, 26 homens foram referenciados como Grão-Mestres do Priorado de Sião. Alguns deles exerceram grande influência em Paris, nomeadamente:

Nicolas Flamel: Grão-Mestre entre 1398 e 1418. Conhecido pelo seu contributo para o mundo da alquimia. Generoso benfeitor de instituições parisienses. Foi sepultado na igreja de Saint-Jacques-de-la-Boucherie em Paris.
➤ Ver p. 107 e museu de Cluny.

Leonardo da Vinci: Grão-Mestre de 1510 a 1519. Não teve influência particular em Paris, mas marcou consideravelmente a vida do rei Francisco I, a quem dedicou *A Gioconda*. O rei-mecenas ajudava o artista a troco de conversas. Leonardo da Vinci morreu no castelo de Clos-Lucé, em Amboise. ➤ **Para mais informações, ver p. 172.**

Condestável de Bourbon: Grão-Mestre entre 1519 e 1527. Célebre inimigo de Francisco I. Foi declarado culpado do crime de lesa-majestade e de rebelião. As suas terras, bens, armas e títulos foram confiscados, e a porta da casa onde exercia o seu cargo foi pintada de amarelo, cor que simbolizava a sua desgraça.

Victor Hugo: Grão-Mestre de 1844 a 1855. Passou a maior parte da vida em Paris, mas foi obrigado a viver períodos de exílio durante o reinado de Napoleão III. Uma avenida de Paris tem o seu nome. O seu endereço era: «Monsieur Victor Hugo, na sua avenida, Paris.» ➤ **Para saber mais sobre Hugo, ver p. 123 e museu Victor-Hugo.**

Claude Debussy: Grão-Mestre de 1855 a 1918. Músico e compositor que recebeu o prémio de Roma com 22 anos. Descrito como aluno brilhante mas rebelde, teve as suas primeiras lições com a Sr.ª Mauté de Fleurville, ela própria aluna de Chopin e sogra de Verlaine, que em muito influenciou as suas obras. Em 1880, Debussy convivia com os poetas simbolistas e levava uma vida de boémia em Montmartre. Podemos visitar o apartamento onde nasceu, situado por cima do Departamento do Turismo (que foi, durante algum tempo, a loja dos seus pais). ➤ **Em Saint-Germain-en-Laye, visite o museu Debussy.**

Jean Cocteau: Grão-Mestre entre 1918 e 1968. Influenciou consideravelmente as artes do seu tempo. Brilhante desenhador, pintor, poeta e realizador de cinema. Apaixonado pelos segredos, Cocteau criou um universo de símbolos e de mitos, no qual tentou conhecer-se durante toda a vida. A religião, o surrealismo, a psicanálise e o cubismo assombraram-lhe a existência. Adorava as cerimónias e os rituais, e tornou-se membro de muitas sociedades e associações. Em 1955, foi nomeado Cavaleiro da Legião de Honra e tornou-se membro da Academia Francesa, onde tinha acesso a duas bibliotecas que contêm quase dois milhões de documentos antigos, manuscritos, obras de alquimia e algumas das obras e criações mais misteriosas de Leonardo da Vinci.

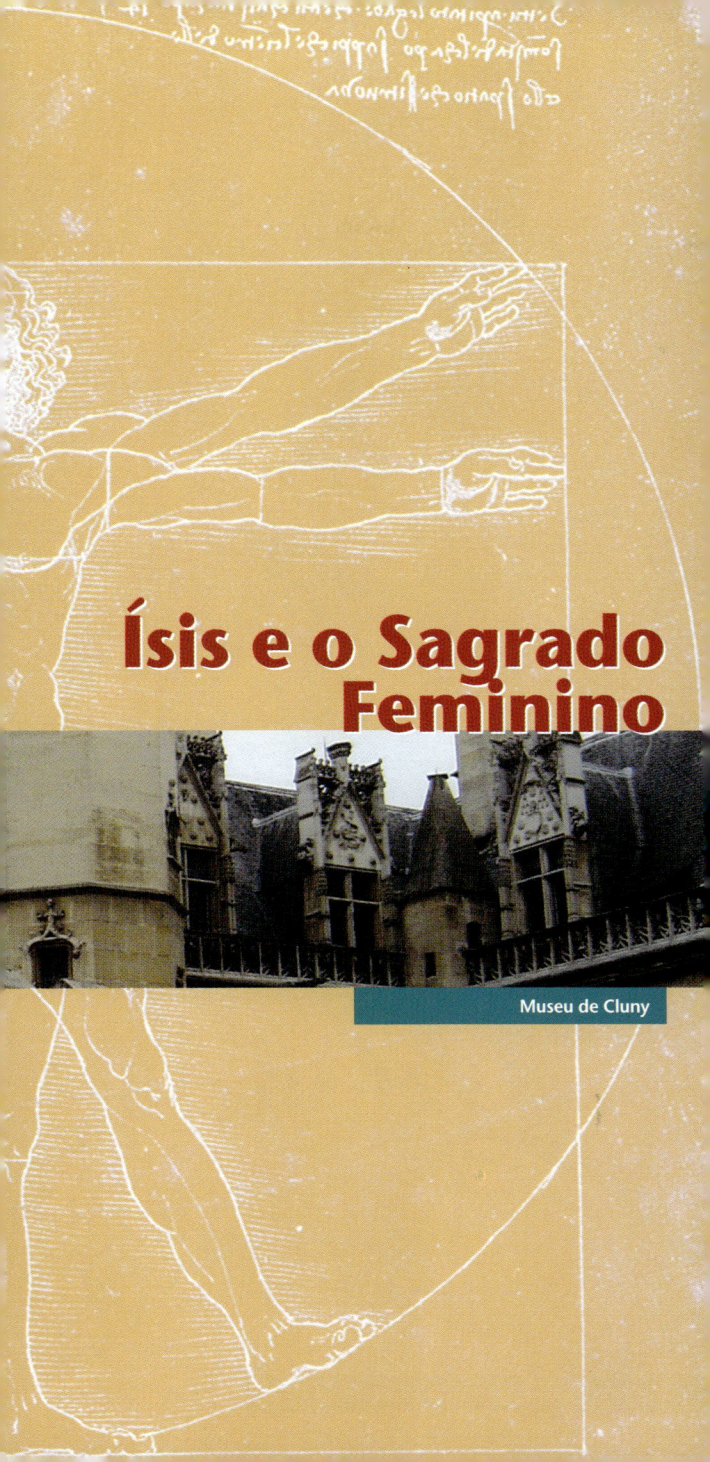

Ísis e o Sagrado Feminino

Maria e o seu filho, por Pigalle (Saint-Sulpice) D.R.

OS SÍMBOLOS DO SAGRADO FEMININO PERDIDO E OS LOCAIS ONDE SE SITUAM EM PARIS

Museu Carnavalet

MUSEU CARNAVALET
(história de Paris)
23, rue de Sévigné, 75004 – 01 44 59 58 58. Metro: St.-Paul.
Das 10 h às 18 h. Encerrado à segunda-feira.

MUSEU DE CLUNY *(Paris galo-romana e medieval)*
6, place Paul-Painlevé, 75005 – 01 53 73 78 00. Metro: Cluny-La-Sorbonne. Das 9 h 15 às 17 h 45. Encerrado à terça-feira.

MUSEU DO EROTISMO
(o autor afirma nunca lá ter ido!)
72, boulevard de Clichy, 75018 – 01 42 58 28 73. Metro: Blanche. Aberto todos os dias das 10 h às 2 h da manhã.

MUSEU DE SAINT-GERMAIN-EN-LAYE
(da pré-história aos Merovíngios). Palácio.
Place Charles-de-Gaulle, 78100 Saint-Germain-en-Laye. 01 39 10 13 00. Estação de ferroviária RER St.-Germain-en-Laye. Das 9 h às 17 h 15. Encerrado à terça-feira.

GALERIA BRADY
33, boulevard de Strasbourg – 46, rue du Fg. Saint-Denis, 75010. Metro: Château-d'Eau.

Este capítulo explica em parte a teoria em que se baseia *O Código da Vinci*. Examina algumas das fontes históricas e indica os locais onde as podemos ver em Paris.

O «Sagrado Feminino» constitui um dos temas controversos, mas fascinantes, explorados em *O Código da Vinci*. É o próprio cerne da história, acerca do qual dois dos protagonistas, Langdon e o conservador do Louvre Saunière, são especialistas.

O autor diz-nos que Langdon escreveu um livro intitulado *Os Símbolos do Sagrado Feminino Perdido*, no qual associa a arte e os símbolos ao culto da deusa. Este é também o campo de eleição de Saunière, apresentado como o «*primeiro iconógrafo da Deusa na Terra*» e cuja contribuição ao Louvre é «*a maior colecção de arte deísta do mundo*». ➤ **Esta colecção é descrita em pormenor no capítulo «Sob as Pirâmides».**

Quando chegam ao palácio de Villette, Sophie Neveu e Langdon notam, em primeiro lugar, um busto de Ísis em alabastro, que domina o pano-de-chaminé da lareira de Teabing – representação da deusa que exprime a sua paixão pelo tema. A importância de Ísis será em breve revelada.

O Sagrado Feminino erradicado pela igreja

O Código da Vinci evoca grupos rivais e a sua demanda do Santo Graal. Quando Teabing fala do Graal enquanto conceito, explica a Sophie que a maioria das pessoas se contenta em perguntar onde ele está, enquanto que a questão fundamental é saber o que ele é. Teabing conclui a sua exposição ao afirmar que o Graal são apenas as relíquias do último «Sagrado Feminino», Maria Madalena. Teabing, que dedicou a vida ao estudo deste conceito, apresenta os símbolos e as mensagens dissimuladas nas pinturas de Leonardo da Vinci para fundamentar o seu raciocínio.

Os manuscritos do mar Morto e os textos de Nag Hammadi

A noção de Maria Madalena enquanto «Sagrado Feminino» não é fruto da imaginação de Dan Brown. Assenta num longo estudo académico parcialmente baseado nos pergaminhos coptas descobertos em 1945 em Nag Hammadi, no Egipto, e nos antigos manuscritos do Mar Morto, encontrados em Qumran em 1950. Estes textos foram redigidos muito antes do concílio de Niceia, quando as escrituras foram compiladas para formar a Bíblia. A descoberta daqueles documentos fornece-nos mais informações sobre Cristo, a sua vida e ministério, mas foram deliberadamente afastados da versão final.

Metamorfose

Os eruditos religiosos concordam em afirmar que o desenvolvimento da Igreja se deveu parcialmente à necessidade de unificação política: um rei e um deus constituíam um sistema muito mais estável do que as inúmeras religiões pagãs que dividiam o povo. Com o cristianismo em formação, a Igreja apropriou-se de e adaptou importantes rituais e símbolos pagãos para torná-los numa religião híbrida, um novo sistema de cultura e de crença.

Langdon enumera vários exemplos: o pictograma de Ísis a amamentar o seu filho Hórus serviu de modelo às imagens da Virgem e do Menino Jesus. O disco solar dos deuses e deusas tornou-se a auréola dos santos. As colecções do Louvre testemunham este facto.

O culto do «Sagrado Feminino» parece ter viajado através do vale do Indo, pelo Médio Oriente e Mediterrâneo, até chegar à Europa. Existe realmente uma estátua de Ísis Afrodite no Louvre!

Quanto mais se afirmava o domínio da Igreja, mais o culto da deusa era abafado. O papel das mulheres santas foi diabolizado: Madalena foi descrita como uma prostituta. Em Niceia, a Virgem Maria tornou--se *Theotokos* ou «Mãe de Deus» e foi-lhe atribuído um papel servil. Ao apresentar o seu próprio nascimento como fruto de uma «Imaculada Concepção», dando à luz por «concepção virginal» a doutrina, contribuiu para cavar o fosso que a separava da imagem pagã da deusa da fertilidade. Deus, sacerdote, rei e pai depressa substituíram as palavras deusa, sacerdotisa, rainha e mãe. *«O Graal é o antigo símbolo feminino, a dimensão religiosa perdida, erradicada pela Igreja»*, explica Langdon.

O culto da deusa nos tempos pré-históricos

A mais antiga actividade do homem é certamente a veneração das deusas. Algumas estatuetas e figurinhas que representam o «Sagrado Feminino» datam de há milhares de anos. Um dos exemplos mais belos encontra-se no museu Carnavalet, onde está exposta uma excepcional figurinha em terracota, descoberta durante as escavações efectuadas no sítio pré-histórico de Bercy, a leste de Paris. Esta figuri- 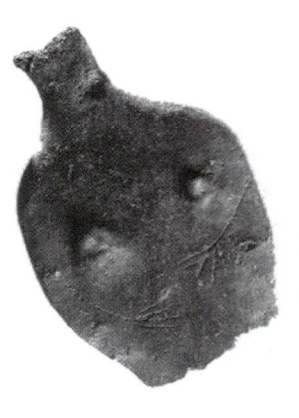 nha de argila, que data de 4000 anos a.C., representa uma forma feminina com as mãos postas sobre o ventre, encarnando sem dúvida a fertilidade.

Outras estatuetas femininas estão expostas no museu da Pré-história de Saint-Germain-en-Laye, que exibe uma colecção de figurinhas de pedra, conhecidas por serem as mais antigas, pois remontam a 23 000 anos a.C.

Esta colecção inclui a «Dama de Capucha», uma das primeiras representações femininas, notável pelos seus traços faciais gravados em marfim de mamute, encontrada em Brassempouy, na região de Landes, e que data de 21 000 a.C.

Os Romanos tinham também estatuetas de deusas-mães, geralmente representadas a amamentarem os filhos. Na sua maioria em cerâmica, foram produzidas em grande número. Estes objectos, bem como os seus moldes, podem ser admirados nos museus acima mencionados.

Fertilidade

Para os primeiros homens, a reprodução e a agricultura eram essenciais para a sobrevivência. A fertilidade das colheitas, dos animais e da espécie humana era divina e misteriosa, e o acto de procriação era também considerado místico e, por isso, venerado. Miraculosa e benéfica, a procriação só podia ser obra de Deus. A simbologia dos rituais, como a roda em torno do «May Pole» (Árvore de Maio), procissão efectuada na Primavera, exprimia simplesmente este facto sem ambiguidade. Esta crença básica culminava num ritual sexual, que simbolizava um matrimónio sagrado.

Gravuras rupestres do vale des Merveilles

Hieros Gamos

Praticado por muitas civilizações antigas, como os Sumérios, os Gregos, os Romanos e os Celtas (tradições druídicas), este rito é uma cerimónia chamada «Hieros Gamos». Sophie Neveu assiste sem querer ao rito em casa de Saunière. Nesse momento do livro, compreende que o seu avô talvez seja membro de uma sociedade secreta. Quando Teabing e Langdon, a caminho de Londres no jacto privado do velho historiador britânico, lhe explicam o significado deste rito, ela confessa-lhes ter testemunhado este assustador e estranho acontecimento na residência do avô na Normandia. Langdon diz-lhe então que *Hieros Gamos* significa «Matrimónio Sagrado», união espiritual que permite que o homem e a mulher encontrem Deus, praticada há mais de 2000 anos, desde a época em que os Egípcios veneravam a deusa Ísis. Testemunha infeliz desta cerimónia, que a revolta e a assusta, Sophie corta relações com o avô, cujas muitas tentativas de reconciliação estarão condenadas ao fracasso.

A pouco e pouco, o leitor descobre que esta cerimónia mais não é do que a celebração do «Sagrado Feminino» pelo Priorado de Sião. Com efeito, a ideia de uma união física sagrada existiu desde sempre, como podemos verificar nos tantras dos *yogis* hindus. Existem muitos outros exemplos considerados pontes entre o erotismo e a espiritualidade, nomeadamente nas decorações de alguns templos hindus antigos, como o templo do Sol de Konarak, perto de Orissa na baía de Bengali, que data do século XIII. Shakti é a efígie sexual divina de Kali Ma, a obscura deusa da destruição e da criação. Quanto ao *lingam*, trata-se de um pequeno altar que simboliza a reunião da vulva e do falo. Algumas montras da galeria Brady, no bairro indiano de Paris, estão decoradas com estas imagens e símbolos. Para se deslocar a este local, saia do metro em Château-d'Eau ou saindo da gare do Norte siga pela rua Saint-Denis em direcção a norte.

De Hermafrodito a Adão

Num antigo poema sumério, de há quase 5000 anos, figura um exemplo de «Hieros Gamos»: aqui se descreve a cerimónia celebrada entre a sacerdotisa Innana e o rei Dumizi. A união da sacerdotisa e do rei implica que ela reconheça o rei como governante do povo e reforce a ideia da divindade do papel real.

Um tratado gnóstico relata que, no princípio, Adão, tal como Hermafrodito, se encontrava em estado de «Hieros Gamos», simultaneamente homem e mulher, até à criação de Eva.

No seu livro, Dan Brown lembra ao leitor que foi a Igreja que designou o mistério antigo e divino da procriação por «pecado original».

Da União Sagrada
ao casamento de Cristo

No livro de Dan Brown, o culto da deusa e a noção de «Sagrado Feminino» são considerados enraizados desde as origens no espírito do homem. Mas a história vai mais longe, sublinhando que o «Sagrado Feminino» tinha tanta importância que Cristo terá confiado a continuação da Igreja a uma mulher, Maria Madalena, com quem, segundo esta teoria, ele teria casado. O principal argumento avançado pelos defensores desta doutrina baseia-se no conteúdo dos textos dos manuscritos do mar Morto e em dois excertos dos papiros coptas de Nag Hammadi.

Excertos dos Evangelhos Gnósticos
(Evangelhos de Filipe)

«E o salvador tinha por companheira Maria Madalena. Ela era a preferida de Cristo, que a beijava muitas vezes na boca. Os outros apóstolos ficavam ofendidos e exprimiam geralmente o seu desagrado. Diziam a Jesus: "Porque a amas mais do que a nós?"»

E, mais à frente, no mesmo Evangelho, este trecho:

«E o salvador tinha por companheira Maria Madalena.»

Nos tempos bíblicos, o beijo na boca estava essencialmente reservado aos casados. A palavra grega «companheira» significava «esposa» ou «mulher». Os que estudam o Graal fazem grande uso deste termo.

A linhagem de Cristo

O Código da Vinci insiste na ideia de que a Igreja, desde a sua origem, se bateu sempre por preservar o domínio masculino, consagrando todos os esforços na dissimulação desta verdade antiga. O livro revela que os escritos escondidos em Nag Hammadi o foram apenas por serem considerados heréticos desde o início da era cristã.

Este facto, segundo Brown, foi rapidamente compreendido por uma elite de pequenos grupos que na forma de sociedades secretas que utilizavam códigos, obras de arte e símbolos lutavam para transmitir a mensagem da importância do «Sagrado Feminino». O ideal cristão do «Sagrado Feminino» encarna-se na noção do Santo Graal, ou seja, nas relíquias de Maria Madalena e nos documentos acerca da sua vida e papel. Teabing conta que Leonardo da Vinci era não só um dos guardiões do segredo, mas também o líder do Priorado de Sião, cujo objectivo consistia em proteger o segredo dos descendentes de Jesus e de Maria Madalena. Tratava-se de um segredo que devia certamente ser preservado para as gerações futuras na forma de séries complexas de pistas codificadas nas pinturas dos artistas. Estas pistas são descritas no capítulo sobre o Louvre.

Os estudiosos do Graal acreditam que os descendentes de Cristo e de Maria Madalena são os Merovíngios, poderosa dinastia de reis francos que fizeram de Paris a sua capital.

Regresso a Ísis

O nome de Paris viria do «Sagrado Feminino» Ísis. Para os Egípcios, Ísis significava «trono» ou «sede», significado importante para o soberano. Se a afirmação de Brown fosse comprovada estabeleceria uma relação pertinente entre os reis merovíngios e a sua capital. Alguns textos antigos mencionam a existência de um templo dedicado a Ísis no bairro de Saint-Germain-des-Prés. Um santuário galo-romano dedicado à deusa é também referido perto da colina de Montmartre, chamada Lucotécia nos tempos antigos. Ísis figurava também nas armas da cidade. Podemos ver a prova disso num edifício escolar no Marais, rua Vieille-du-Temple. O livro *A Flor*

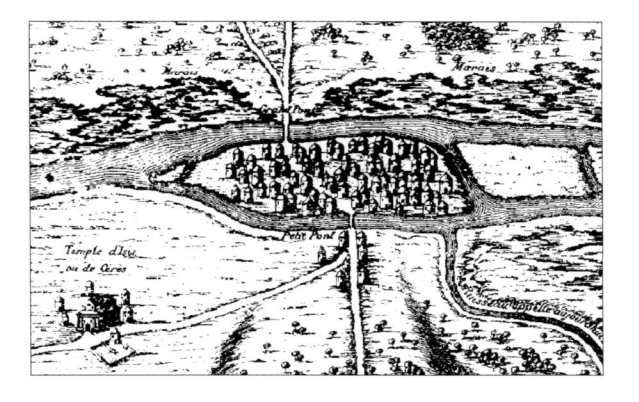

das Antiguidades de Paris, publicado em 1561, descreve a existência, na igreja de Saint-Germain-des-Prés, de uma antiga estátua de Ísis, que o abade Guillaume Briçonet mandou destruir no século XVI. O «Sagrado Feminino» perdido de Paris nunca foi substituído.

Pouco tempo depois de chegar à Grécia, Ísis tornou-se a protectora dos marinheiros e recebeu um leme à guisa de atributo. Os brasões mais antigos de Paris mencionam a Guilda Náutica dos Parisii e o seu emblema, o galeão: é provável que tenha sido por isso que Ísis, protectora dos marinheiros, se tornou o símbolo de Paris. Podemos admirar baixos-relevos que representam os fundadores de Paris e a sua confraria náutica no magnífico pilar galo--romano descoberto nas escavações sob a nave de Notre--Dame, que está actualmente exposto no museu de Cluny.

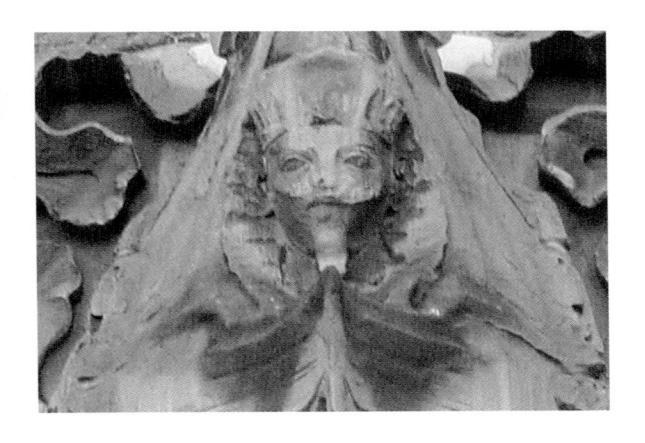

Sob as calçadas de Paris

Catedral de Notre-Dame de Paris

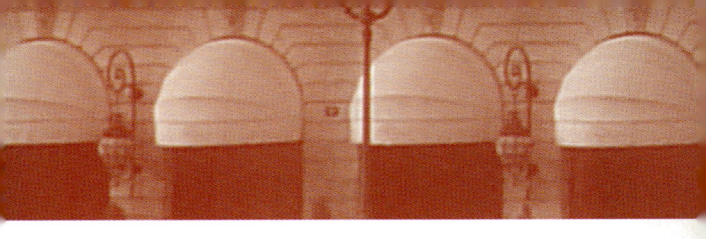

Sophie e Langdon em Paris: uma viagem iniciática

Os heróis de Dan Brown viajam por Paris de uma maneira extraordinária. Muitos críticos realçaram a impossibilidade de tais percursos.

Brown faz Langdon partir do Ritz em direcção à Opéra para ir ao Louvre, o que, num mapa, não tem qualquer sentido prático. Depois, põe a polícia a circular no pátio interior do jardim das Tulherias, o que é evidentemente proibido na vida real. Logo no início da história, Sophie e Langdon evadem-se habilmente do Louvre e fogem a toda a velocidade no Smart de Sophie.

Depois chamam um táxi, roubam-no e terminam a corrida no palacete de Villette numa carrinha blindada do Banco Depositário de Zurique.

Traçado num mapa ou efectuado num autocarro parisiense, este percurso revela pormenores interessantes.

No Louvre, o circuito marca duas formas piramidais e ao ziguezaguearem através da capital, os nossos heróis traçam uma série de triângulos, tanto Lâminas como Cálices. Em seguida, deslocam-se em círculo pela avenida Malesherbes, rua de la Pépinière, rua d'Amsterdam, passam ao lado de Montmartre e percorrem a avenida de Clichy até às avenidas exteriores, seguindo depois para o Bosque de Bolonha. Deste modo, traçam uma espiral de Fibonacci.

Itinerário 1:
Langdon escoltado pela polícia: do Ritz ao Louvre

Para seguir o percurso de Langdon, parta do número 38, rua Cambon (metro: Madeleine). Os sítios e os monumentos que o balizam são descritos mais à frente. Pode-se efectuar este percurso a pé e de autocarro.

A partir da rua Cambon, vá a pé até à avenida da Madeleine. Siga até à praça da Ópera (a pé ou nos autocarros 42 ou 52), tome a rua de la Paix para chegar à praça Vendôme, atravesse a praça e entre nos jardins das Tulherias. Continue sempre em frente até à alameda central, vire à esquerda, até ao arco do Carrousel. De cada lado do arco há escadarias que dão para o complexo subterrâneo do Louvre.

Passe em frente dos antigos vestígios arqueológicos das muralhas da cidade, que datam de 1380, e, a dois passos, verá a pirâmide invertida do arquitecto Pei. Caminhe até à pirâmide e depois, se estiver no mesmo estado que Langdon, caia de joelhos, de admiração ou fadiga!

O percurso, passo a passo

38, rue Cambon

Nesta morada começa o percurso de Langdon, que passou pela Ópera para ir ao Louvre. É aqui que se situa a entrada de serviço do hotel Ritz, uma porta falsa que dá para uma ruazinha tranquila. Foi por este acesso seguro

que Lady Diana deixou o hotel antes de ir ao encontro de um destino trágico. É provável que a polícia tenha escoltado Langdon por esta saída por razões de discrição: os hotéis de 5 estrelas não apreciam a presença das forças da ordem e de suspeitos no seu átrio.

Boulevard de la Madeleine

Esta avenida tem evidentemente o nome do «Sagrado Feminino», designação que vem do imponente templo-igreja de la Madeleine. Deste edifício, Napoleão fez um templo pagão dedicado à glória do seu Grande Exército: um imponente edifício de estilo grego com um peristilo de 52 colunas coríntias, cada uma com 20 metros de altura.

O sucessor de Napoleão, Luís XVIII, insistiu para que o edifício fosse consagrado ao culto católico, desejo realizado no dia 9 de Outubro de 1845, quase 80 anos depois de ter sido lançada a sua primeira pedra. Muitos ícones femininos do século XIX viveram nesta avenida. O número 15 albergava a casa de Marie Duplessis, que viria a ser o modelo de *A Dama das Camélias*, de Alexandre Dumas, em que Verdi se inspirou para compor *La Traviata*.

No número 32, Madame Récamier, rival social de Josefina, tinha um salão onde se reuniam os opositores de Bonaparte, incluindo o seu próprio irmão Lucien.

Boulevard des Capucines

O nome «Capucines» [*Capuchinhos*] refere-se à congregação religiosa instalada ao lado. No número 35 da avenida ergue-se um edifício cujo último andar abrigava o *atelier* de Nadar, pioneiro da fotografia e um dos mais célebres retratistas parisienses do século XIX. Brown lembra que os impressionistas pintavam nos jardins das Tulherias. Com efeito, esta informação é verdadeira e a primeira exposição impressionista de Paris teve lugar no *atelier* de Nadar, em 1874. As obras foram mal recebidas e os artistas ridicularizados.

No número 14, uma placa indica que o primeiro filme animado por uma máquina criada pelos irmãos Lumière (mais um nome que Dan Brown podia ter inventado) foi aqui projectado no dia 28 de Dezembro de 1895.

A Ópera de Paris: um palácio de símbolos

A Ópera de Paris está aberta ao público. Para uma visita guiada completa, contacte a «Paris Walks». A Ópera está aberta todos os dias, salvo em caso de espectáculos excepcionais. O auditório pode encerrar para ensaios. **(Horas de abertura: das 10 h às 17 h.)** Mandado construir por Napoleão III, este monumento, infelizmente para o imperador, só foi inaugurado em 1873, dois anos após a sua partida para o exílio. O edifício suscitou sempre um estranho fascínio, devido à sua construção sobre estacas por cima de um dos principais colectores de esgotos da margem direita. Para visitar os esgotos de Paris, dirija-se à place de la Résistance, situada na extremidade da margem esquerda da ponte de Alma **(abertos das 11 h às 16 h, encerram à sexta-feira)**.

Rue de la Paix

Originalmente, esta rua chamava-se Napoléon, depois foi rebaptizada em memória do tratado de Paris em 1814. É mundialmente conhecida pelas suas casas de joalharia, como a Cartier. No número 7 abriu em 1858 a loja de moda do britânico Charles Worth, o primeiro a apresentar as suas colecções com manequins vivos, especialmente a sua própria mulher.

Place Vendôme

Uma das cinco magníficas praças reais de Paris, construída em honra de Luís XIV, o Rei-Sol. O símbolo do rei é representado pelo rosto de Apolo no centro do grande Sol, sobre as balaustradas de ferro forjado das janelas. A praça Vendôme é característica da arquitectura clássica deste período: grandiosa, majestosa e dotada de grande sentido das proporções e da harmonia arquitectónica.

Langdon escolhe o Ritz

No número 15 da place Vendôme destaca-se a entrada do hotel Ritz, onde está hospedado Langdon. Ao que parece, os professores da universidade de Harvard têm generosas ajudas de custo ou então ganham muito bem!

O Ritz é um dos hotéis mais conhecidos e, por certo, o edifício mais sumptuoso de Paris. A sua fachada foi concebida por Jules Hardouin Mansart. O hotel abriu as portas ao público no dia 1 de Junho de 1898 e, com a colaboração do cozinheiro francês Auguste Escoffier, César Ritz fundou uma sociedade de hotéis-restaurantes de luxo, palácios esplendorosos e opulentos que iriam atrair a clientela abastada de toda a Paris. O livro de ouro recorda que Coco Chanel viveu aqui 30 anos, que o bar tem o nome de Hemingway e que Scott Fitzgerald, Marcel Proust, Eduardo VII, Rudolf Valentino, Charlie Chaplin e Greta Garbo foram alguns dos seus hóspedes mais prestigiosos.

Em 1979, Mohamed Al Fayed tornou-se proprietário do Ritz, e o seu filho Dodi residia aí com Lady Diana quando foram vítimas de um trágico acidente com o motorista Henry Paul. Al Fayed redecorou o hotel e criou a nova Escola de Cozinha Ritz-Escoffier.

Os diamantes são os melhores amigos da mulher

A praça Vendôme é célebre pelas suas joalharias, em especial, frente ao Ritz, a Van Cleef & Arpels. As joalharias situadas à volta da praça inspiraram muitos ladrões do tipo «Pantera Cor-de-Rosa» e várias gerações de talentosos autores de romances policiais e realizadores. Veja se descobre a Boucheron, a Chaumet, a Guerlain, a Schiaparelli ou a Payot.

A medicina, a magia e o mesmerismo

Em 1778, o doutor Mesmer abriu o seu consultório no número 16 da praça Vendôme. Alguns pacientes ilustres, incluindo Maria Antonieta, vinham aqui tratar-se. O doutor Mesmer iniciava as sessões fazendo os pacientes sentarem-se em círculo à volta de tinas com produtos químicos que borbulhavam. Todos davam as mãos, depois apontavam varinhas metálicas desde as tinas até a uma carta astrológica no tecto. O tratamento proposto era dispendioso e Mesmer ganhou fortunas. No entanto, o sucesso dos seus tratamentos deixava a desejar. Reza a história que a espirituosa cantora parisiense Sophie Armand levou o seu caniche doente a Mesmer e que o cão morreu ao fim de três dias: «Ah, enfim!...», exclamou a actriz, «ao menos morreu curado!»

Escusado será dizer que Mesmer depressa ficou sem clientela.

Napoleão, um pilar

No meio da praça está a coluna Vendôme. Foi erigida em honra de Napoleão e feita do bronze proveniente da fundição dos 2000 canhões ini-migos tomados após a batalha de Austerlitz. Este monumento inspira-se na coluna de Trajano, em Roma, e Napoleão sonhava ter o seu próprio mausoléu.

O cimo da coluna testemunha o passado turbulento da cidade. Uma primeira estátua do Impe-rador foi fundida para se fazer a estátua de Henrique IV, actual-mente na Pont-Neuf. Colocou--se uma flor-de-lis no local e, de-pois, novamente uma estátua de Napoleão vestido como um civil burguês, facto que provocou a cólera de Napoleão III, que a mandou substituir pelo Imperador em trajes solenes.

No dia 16 de Maio de 1871, os *communards* derrubaram o monumento. Em 1872, a Assembleia Nacional decidiu restabelecê-lo e mandou erigir a coluna que existe actualmente.

Rue de Castiglione: a louca da praça Vendôme

Nesta rua que tem o nome de outra batalha napoleónica viveu a condessa de Castiglione, que foi durante algum tempo amante de Napoleão III. O seu passatempo favorito era frequentar bailes imperiais, aos quais assistia vestida com roupas extravagantes, e os convidados subiam às cadeiras para a admirar quando fazia a sua entrada.

Langdon vê a torre Eiffel

Os 300 metros da «Dama de Ferro» fazem o *simbologista* de Harvard reflectir sobre a natureza dos Franceses. Langdon, que vê a torre como símbolo fálico, pensa para si mesmo que a França é um país conhecido «*pelos seus soberanos tão impetuosos quanto diminutos, desde Pepino, o Breve, a Napoleão*». Pepino, *o Breve*, foi a transição entre as dinastias merovíngia e carolíngia.

A torre Eiffel é objecto de um culto quase místico. Milhares de pessoas sobem-na todos os anos, e as autoridades recebem toneladas de correio com perguntas bizarras.

Na altura da morte de Eiffel, em 1923, era ainda a torre mais alta do mundo e assim permaneceu durante exactamente 40 anos. Foi destronada pelo Chrysler Building de Nova Iorque, arranha-céus com 320 metros de altura, ele próprio ultrapassado dois anos depois pelo Empire State Building.

Os jardins das Tulherias

Tal como diz Dan Brown, o nome destes jardins faz referência ao facto de terem sido concebidos no lugar de uma fábrica de telhas, que eram moldadas com a terra argilosa das margens do Sena. O local tornou-se um parque real durante o reinado de Catarina de Médicis, antes de ser confiado, em 1660, a um dos maiores jardineiros franceses: Le Nôtre.

Caminhe pela alameda central. Um conselho prático: não vá de carro, a menos que se chame Collet ou trabalhe para a DCPJ. Ao fundo do jardim, ao lado do Louvre, ergue-se uma magnífica série de estátuas, obras de Aristide Maillol. Este mestre do «Sagrado Feminino pagão» faz o elogio da força e beleza femininas. Admire a sua deusa da fertilidade «Pomona», cuja silhueta desnudada tem uma maçã em cada mão. Com 74 anos, Maillol conheceu uma beldade de 15 anos, que se tornou sua musa e lhe devolveu o gosto pela arte. Esta musa, Dina Vierney, abriu ao público a sua colecção de arte, exposta no magnífico ➤ **musée Maillol, 61, rue de Grenelle, 75007, Metro: Rue-du-bac, aberto das 11 h às 18 h, encerrado à terça-feira.**

O arc du Carrousel

Dan Brown alude às orgias rituais que se desenrolavam antigamente. O arco não é certamente conhecido por isso em Paris, mas talvez seja apenas uma experiência mais íntima de Brown.

O Carrousel vai buscar o nome a um espectáculo equestre especial, realizado para celebrar o nascimento do Grande Delfim, filho de Luís XIV. O próprio arco foi construído para comemorar a batalha de Austerlitz e utilizado como entrada cerimonial no pátio central do Louvre. Diante do arco, Langdon pensa nos quatro maiores museus de arte de Paris. Pensa que daí se podem ver os museus d'Orsay, do Louvre e do Jogo da Pela. Em contrapartida, para se ver o Centro Pompidou é necessário andar mais um pouco. As estátuas de bronze que ornamentam o arco são repro-

duções dos cavalos da basílica de S. Marcos em Veneza. Napoleão levou os originais para Paris, que foram depois restituídos e substituídos por réplicas.

Detenha-se alguns momentos debaixo do arco esculpido e admire a vista espectacular que se estende desde a Pirâmide até ao arco de triunfo da l'Étoile. A partir daqui pode aceder ao Louvre através das entradas subterrâneas de cada lado do arco. Pode também continuar o seu percurso, seguindo a visita guiada proposta no capítulo sobre o Louvre.

Um centro comercial subterrâneo – onde há uma grande cafetaria e uma grande escolha de restaurantes, situados no complexo principal da Pirâmide – precede a entrada do museu. O Gabinete de Turismo encontra-se ao lado da pirâmide invertida.

No encantador café Le Nemours, debaixo das arcadas, na praça Colette, à entrada do Palais-Royal, a comida é razoável e o serviço de qualidade. O café situa-se ao lado do marco que indica o meridiano de Paris.

Itinerário 2:
Langdon e Sophie
evadem-se do Louvre

Inicie a sua visita tentando saltar da janela das casas--de-banho situadas na galeria das pinturas italianas, entre as salas 19 e 20 da ala Denon. Antes de se evadir, Sophie olha por esta janela e maravilha-se ante a torre Eiffel, do Sacré-Cœur e do Arco do Triunfo. Outro triângulo místico em Paris. Admire esta vista antes de saltar ou, se preferir, dirija-se à verdadeira saída que Sophie e Langdon utilizam e siga o painel «La Porte des Lions». Podemos seguir-lhes a pista a pé ou de autocarro. Os pormenores dos locais e dos monumentos serão totalmente descritos após o itinerário.

A pé, parta da Pirâmide, atravesse as arcadas da alameda Richelieu até à rua de Tivoli. Atravesse a rua e caminhe para oeste sob as arcadas deslumbrantes. Este percurso demora cerca de 20 minutos. Pode também apanhar o autocarro 72: a Concorde situa-se a três paragens de distância.

Uma vez chegado à Concorde, caminhe até ao obelisco e admire a vista, depois atravesse para o lado norte até à esquina da rua Royale para chegar ao hotel Crillon.

Percorra a rua Gabriel, passe frente à embaixada dos Estados Unidos ou então apanhe o autocarro 52 em frente ao hotel Crillon e desça duas paragens depois para seguir pela avenida Matignon até aos Champs-Elysées. Continue a pé até ao Arco do Triunfo ou apanhe o autocarro 73 no cruzamento Matignon-Champs-Élysées. Para ir ao Arco do Triunfo desça na paragem «Étoile».

Rue de Rivoli

A rua de Rivoli, ladeada de arcadas, vai buscar o nome a uma vitória napoleónica em Itália. Antigamente, estava repleta de lojas esplêndidas de produtos de luxo, resumindo-se hoje a uma confusão de perfumarias, lojas de roupa e de lembranças. Foi uma das primeiras ruas a ser construída no reinado de Napoleão.

103 PARIS — La Rue de Rivoli, prise vers le Louvre - A. P.   Rivoli-Street, towards the Louvre

Ao percorrerem a rua a grande velocidade, Sophie e Langdon não têm tempo para parar, mas, no regresso, podiam fazer uma escala no Angelina, no número 226, rua de Rivoli, que é um elegante salão de chá, para tomar um bom chocolate quente à antiga ou provar um dos famosos bolos «Mont-Blanc», verdadeira instituição em Paris!
➤ **Metro: Concorde.**

Place de la Concorde: a maior de Paris

Sophie e Langdon continuam a sua fuga desenfreada em redor da praça, depois de terem despistado temporariamente os polícias.

Em cada esquina da praça erguem-se estátuas colossais que representam as grandes cidades de França.

Estrasburgo é representada pelo retrato de Juliette Drouet, que foi durante muito tempo amante do Grão- -Mestre Victor Hugo.

Os nossos dois heróis passam frente ao hotel Crillon, um dos mais requintados e caros de Paris. O seu livro de honra é um autêntico anuário de presidentes e reis. O Crillon é um dos dois imóveis idênticos em cada lado da rua Royale. À sua direita ergue-se o Ministério da Marinha, outrora a arrecadação da família real. O imóvel foi pilhado em 1792 durante a Revolução e foi nesta época que roubaram as jóias da Coroa.

A praça acolheu o povo durante a celebração do casamento de Luís XVI e Maria Antonieta, mas era aí também que funcionava o cadafalso. A guilhotina foi instalada em 1792, para a execução dos ladrões das jóias da Coroa. Em dois anos, foram guilhotinadas 1119 pessoas.

A leste do edifício, o hotel Coislin ladeia a rua Royale. Foi aqui que, no dia 6 de Fevereiro de 1778, um pequeno grupo de franceses e americanos se reuniu para assinar o tratado que assinalaria o sucesso de Benjamin Franklin, encarregado de solicitar o auxílio francês, que resultaria na independência dos Estados Unidos. Este tratado de Amizade, Comércio e Aliança tornou a França na primeira nação a reconhecer a independência americana.

Curiosamente, este tratado foi assinado no apartamento de um homem chamado Dean, cujo primeiro nome era... Silas!

Erguendo-se no centro da praça, o obelisco tem quase 3000 anos. Os hieróglifos que o decoram, que Champollion foi o primeiro a decifrar, fazem referência a Ramsés II, o que permite datá-lo. Provém do templo egípcio de Luxor e foi erigido em 1836. O seu transporte e erecção (mais um símbolo fálico para Lagndon) exigiram enorme engenho. A técnica de elevação do obelisco está gravada a ouro na base do soco.

O astrónomo Camille Flammarion pretendia traçar um meridiano neste local para fazer do monumento o maior quadrante solar do mundo, mas a Primeira Guerra Mundial pôs termo ao seu projecto.

Sophie espera colocar Langdon em local seguro confiando-o à embaixada americana. Mas, quando percebe que a polícia bloqueou a entrada da avenida Gabriel, dá meia volta. A actual embaixada, situada num dos bairros mais prestigiosos da capital, foi construída entre 1931 e 1933. Originalmente, este local era a residência privada de Grimod de La Reynière, o primeiro crítico gastronómico oficial da história.

Em 22 de Maio de 1927, Lindberg pronunciou um discurso a partir do balcão da embaixada. Um milhar de Parisienses foi ovacioná-lo e celebrar o sucesso da primeira travessia aérea do Atlântico. (Para saber mais sobre Lindberg, ver o parágrafo sobre Le Bourget, onde se encontra o jacto privado de Teabing.)

Les Champs-Élysées

Quando Sophie envereda, a alta velocidade, pela avenida dos Champs-Élysées, Langdon, lívido, *«agarra-se e afunda-se no banco de passageiros»*: como qualquer pessoa em seu perfeito juízo faria ao conduzir nesta parte da cidade! Os Campos Elísios têm o nome que os Antigos davam ao «Paraíso». A zona tornou-se um imenso teatro ao ar livre durante o reinado de Napoleão, em que a avenida constituía o palco e o Arco do Triunfo era o cenário. Célebre pelos seus muitos cafés e lojas, a avenida proporciona um espectáculo tão belo de dia como de noite, e é muitas vezes designada «a avenida dos Rubis e Diamantes»; visite-a de noite e perceberá porquê. A avenida prolonga o eixo de Paris, que se desenvolveu a partir do centro do Louvre. Dirige-se directamente para outro domínio real, o de Saint-Germain-en-Laye, que forma uma *«Ley Line»*, linha virtual de carácter antigo e misterioso.

Arco do Triunfo: um símbolo de Paris

Quando Sophie e Langdon chegam à maior rotunda de França, são exactamente 2 h 51. Sabe-se que as 2 h 50 é a hora preferida dos relojoeiros. Com efeito, se acertarmos um relógio às três menos dez, os ponteiros formam um sorriso e dão ao mostrador um carácter

O galeão, símbolo de Paris (Museu Carnavalet

amistoso; trata-se de uma forma subliminar de tornar o relógio mais atractivo. Mas Brown descortina aqui outro significado: os ponteiros formam não só o Cálice que os nossos heróis procuram, mas, sobretudo, a soma de 2 + 5 + 1 dá o número 8, o número simbólico da «Perfeição Suprema». O relógio de Langdon é evidentemente um produto Disney™ com a efígie do rato Mickey. Dan Brown escreve que Walt Disney utilizava muitas vezes símbolos nos seus desenhos animados e filmes, e traça um paralelo entre *A Pequena Sereia* e Maria Madalena. As iniciais de Mickey Mouse dispensam comentários!

O Arco do Triunfo foi mandado erigir por Napoleão em 1806 como símbolo da honra do Exército francês. Foi construído segundo os planos do arquitecto J.-F. Chalgrin, que concluiu a construção de Saint-Sulpice. Um recente guia turístico de Paris descreve o monumento como «*o templo mágico de Napoleão, consagrado aos deuses da guerra*». O catafalco do Navegante Victor Hugo foi instalado debaixo do Arco do Triunfo por uma noite e velado por um círculo de 40 poetas. Enquanto o cortejo fúnebre se encaminhava para o Panteão, dois milhões de admiradores encheram as ruas agitando bandeirolas nas quais estavam inscritos os títulos das suas obras. Debaixo da arcada, que abriga o túmulo do Soldado Desconhecido, ateou-se pela primeira vez o facho da memória a 11 de Novembro de 1923.

No dia 7 de Agosto de 1919, exactamente às 7 h 30, Charles Godefroy pilotou o seu Nieuport, um biplano de 8 metros de envergadura e 14 de comprimento, e passou por baixo do Arco. Foi uma acção simbólica para chamar a atenção para o destino dos pilotos no fim da guerra. Alguns pilotos célebres apreciaram a proeza, incluindo Roland Garros, mas recusaram tentar o mesmo feito, considerando que se tratava de pura loucura. Para visitar o monumento, siga pela passagem subterrânea situada no cimo, à direita, da avenida dos Campos Elíseos.

Avenida de Wagram, boulevard de Courcelles e parque Monceau

Da Étoile, Sophie e Langdon dirigem-se para a gare Saint-Lazare. O leitor pode fazer o mesmo apanhando o autocarro 30. Poderá assim admirar as avenidas e os *boulevards* com magníficas fachadas haussmannianas ao atravessar o bairro mais elegante e caro da capital. É também o bairro diplomático que os nossos dois heróis atravessam a toda a velocidade no seu Smart pelas ruas adjacentes, antes de regressarem aos Campos Elísios. Aproxime-se da alta sociedade apanhando o autocarro 30 na esquina da Étoile e da avenida de Wagram e desça em Monceau.

O Monceau é um dos parques mais encantadores de Paris: está cheio de curiosidades. O primeiro salto de pára-quedas da história teve aqui lugar. Podemos aqui admirar árvores insólitas: um plátano de 8 metros de circunferência, um *ginkgo* antiquíssimo e uma espectacular «árvore com algibeiras». A grade de entrada do parque era o antigo posto da guarda das muralhas de Luís XVI. Uma estátua de um grande autor – não, não é Dan Brown, mas sim Maupassant – surge ao virar de uma alameda. Admire também as românticas colunatas em ruína, vestígios de parte do palácio das Tulherias incendiado pelos *communards*, dispostas em redor de um lago excepcional.

Ver também o «Jardim do Filósofo», concebido pelo criativo jardineiro Carmontelle, constituído por decorações caras a Dan Brown, como o obelisco e a pirâmide, bem como um túmulo idêntico ao que figura em Rennes-le-Château e na tela de Nicolas Poussin. Será este o túmulo de Maria Madalena?

Em redor destes jardins magníficos Palacetes, erguem-se embaixadas e consulados.

Um dos museus mais insólitos da cidade situa-se atrás do parque: trata-se do museu Nissim de Camondo, que reúne uma colecção privada de mobiliário do século XVIII, evocando a vida requintada do palácio de Villette. Esta colecção foi reunida e legada às Artes Decorativas pelo conde Moise de Camondo, em memória da sua família desaparecida durante a Primeira e, sobretudo, a Segunda Guerra Mundial.

➤ **Museu Nissim de Camondo, 63, rue de Monceau, 75017. Metro: Villiers ou Monceau.**

Para se dirigir à sua próxima escala, apanhe o autocarro 94 na esquina do parque Monceau e da avenida Malesherbes e desça na gare Saint-Lazare.

Gare Saint-Lazare

É aqui que Sophie e Langdon despistam a polícia. Compram bilhetes de comboio para Caen e depois apanham um táxi na saída lateral da estação. É aqui que Collet vai esperar por eles, enquanto que os dois fugitivos estão já a caminho do banco.

Entre na estação pela sua grande fachada e contemple as duas esculturas concebidas por Arman: um pilar de malas e outro de relógios: «O Tempo, as Bagagens», pesadelos dos viajantes.

Dentro da estação, compre um bilhete para Caen com o seu cartão de crédito, rasgue-o e abandone a gare pela saída «rue de Rome». Entre no táxi que terá previamente subornado e peça ao motorista que o leve a Montmartre. Se preferir, pode apanhar o metropolitano, linha 12 de Saint-Lazare; desça em Pigalle, onde pode apanhar o Montmartrobus.

Este meio de transporte proporcionar-lhe-á uma visita completa ao bairro, que demorará cerca de uma hora. Passa pelas vinhas pitorescas do bairro, pelo Sacré--Cœur e pára também no museu de Montmartre.

E leva-o de volta à estação Pigalle.

Sacré-Cœur e Montmartre

Esta enorme basílica domina a colina Montmartre. Sophie e Langdon vêem-na por instantes quando vão a caminho do banco de Saunière.

A construção da igreja foi decidida por uma lei e financiada por subscrição nacional após a guerra franco--prussiana. Foi concluída e consagrada em 1919. Abriga o maior sino do mundo (18,5 t.) chamado «o Savoyarde». Os planos do arquitecto Paul Abadie inspiram-se na igreja de Saint-Front de Périgueux, de estilo romano-bizanti-

083. — PARIS-Montmartre — Montage de la Savoyarde au Sacré-Cœur de Montmartre, le 16 Octobre 1895

no, que ele restaurou. Dotou a igreja de um campanário e de uma cúpula (com 83 metros de altura) que se pode visitar e que permite, após uma longa subida, apreciar a vertiginosa vista panorâmica sobre Paris.

O local, um dos mais pitorescos de Paris, vale realmente a pena ser visitado. No século XIX e início do século XX, este bairro era o centro dos impressionistas, dos pós-impressionistas e dos modernistas, incluindo Picasso. A «Paris Walks» tem visitas guiadas todas as quartas-feiras e domingos.

Montmartre faz parte das Cem Aldeias no centro de Paris. Este bairro possui personalidade e alma próprias e que

constituem a sua identidade. A colina é um afloramento natural de gesso, que era extraído até ao século XIX. O gesso era utilizado no fabrico do célebre estuque de Paris. As obras em gesso situadas sob a colina branqueavam fachadas e calçadas, daí o nome da praça Blanche que ainda existe. A estação de metro Blanche é um ponto de partida estratégico para começar a visita ao bairro. É aqui que se encontra o Moulin-Rouge.

Teabing acusa a Igreja de ter atribuído a Maria Madalena uma certa profissão com fins aviltantes, que é também praticada neste bairro, cujas luzes vermelhas se estendem de Blanche a Pigalle. À noite, o piscar dos anúncios berrantes de néon e os «angariadores» nos passeios tentam convencer o visitante a entrar nas casas escondidas por detrás de cortinas. As montras estão pejadas de objectos estranhos e de roupas que dificilmente se podem usar (apenas para maiores de 18 anos).

Para um domingo festivo ou para degustar um bom copo de vinho na companhia de gente alegre e original (por vezes dança-se) entre na Mascotte, 52, rua des Abbesses. Janta-se aí muito bem e o serviço é tão excêntrico quanto a clientela. Ao domingo, «Florence», maçon reformada, toca acordeão, perpetuando a maravilhosa tradição local. É médium e certamente a única pessoa do restaurante capaz de lhe dizer se o seu jantar lhe irá ser servido.

O café e tabacaria de Deux-Moulin, 15, rua Lepic. É o café do filme *O Fabuloso Destino de Amélie*, cuja actriz principal, Audrey Tautou, interpreta o papel de Sophie no filme *O Código da Vinci*.

Montmartre é um bairro muito animado à hora dos aperitivos, sobretudo ao domingo a partir das 10 horas.

Partida para o bosque de Bolonha

Ao chegarem ao Bosque, Sophie e Langdon dão--se conta de que estão a ser seguidos pela polícia e são obrigados a fazer o motorista de táxi refém. Não há dúvida de que é a maneira mais eficaz para encontrar um táxi em Paris, especialmente em hora de ponta ou nos dias de greve dos transportes públicos.

O bosque de Bolonha faz também parte dos belíssimos parques de Paris. É um dos «pulmões» da capital criados por Alphand incluídos no projecto de reurbanização dirigido por Haussmann.

Os parisienses vão ao bosque andar de bicicleta, correr ou passear o cão. Alguns citadinos chiques alugam uma pequena canoa no cais para irem beber um chá no Chalet en l'Île, situado no meio do lago. Dan Brown adverte os seus leitores de que não se recomenda a visita ao parque à noite, a menos que se saiba exactamente onde se põe os pés...

O Banco Depositário de Zurique

Este estabelecimento tem um sítio na Internet, mas embora preste atenção especial ao serviço de clientes, parece muito difícil estabelecer um contacto e impossível abrir aí uma conta.

Guia de Paris oculta
de Sophie e Langdon

Oculto, do latim *occultus*, significa «escondido». Que está escondido e é desconhecido por natureza – desconhecido, misterioso, secreto.

Que se esconde, se mantém secreto ou incógnito.

Ciências ocultas: doutrinas e práticas secretas que fazem intervir forças não reconhecidas nem pela ciência nem pela religião, e que requerem uma iniciação (alquimia, astrologia, cartomancia, quiromancia, adivinhação, magia, necromancia, radiestesia, feitiçaria, telepatia).

1. Da ilha às margens do rio: um pouco de história

Em Paris, as margens direita e esquerda do Sena têm personalidades muito diferentes. A margem direita é a mais vasta; representa 14 dos 20 *arrondissements* parisienses, contra 6 da margem esquerda.

Paris foi fundada na ilha da Cité, onde se podem ver os vestígios dos Parisii celtas que aí se instalavam ➤ **(ver museu Marnavalet e museu de Cluny).**

Na época romana, Paris desenvolveu-se na margem esquerda; a margem direita era apenas uma extensão pantanosa na zona alagável do Sena. A margem esquerda, colina com planaltos elevados e solo seco (colinas da actual Montagne Sainte-Geneviève), era mais facilmente acessível. O Sena era mais estreito e menos profundo deste lado da ilha da Cité, tornando mais fácil a construção de pontes: a Petit-Pont, perto de Notre-Dame, é o ponto de travessia mais antigo de Paris.

Conquistada pelos Romanos, Lutécia estava dividida em quatro partes iguais pelas suas duas artérias principais: o *cardo* e o *decumanus*. É por isso que o centro da margem esquerda se chama hoje «Quartier» latin. No pátio da igreja Saint-Julien-le Pauvre, podemos ver uma enorme laje proveniente da antiga via romana.

Na época medieval, o desenvolvimento estende-se subitamente para a margem direita, que se tornou um importante centro económico cujos limites não pararam de crescer até ao século XIX. Nesta época, as inundações já haviam cessado e as terras tinham secado. O rio, profundo e largo, entre a ilha da Cité e a margem direita, era facilmente navegável e os navios e barcos de comércio podiam atracar neste porto natural. As mercadorias descarregadas na praia (*gréve*) eram aí negociadas, tornando este lugar num mercado em plena expansão.

O homem encarregado das trocas comerciais e dos impostos era o preboste dos mercadores de Paris, cuja sumptuosa residência, construída na place de Grève, é actualmente a Câmara Municipal. As praças situadas à frente e atrás do edifício eram parte integrante do mercado. Os negociantes e comerciantes descontentes com as condições iam expressar o seu desacordo na Grève; é por isso que hoje o mundo moderno se manifesta fazendo «greve».

Os cambistas e os banqueiros trabalhavam ao ar livre na pequena praça Saint-Gervais, e o seu símbolo era um olmo, árvore ainda presente no centro da praça. Pode ver-se também um olmo nas deslumbrantes balaustradas de ferro que ladeiam a rua François-Miron, ao lado da igreja Saint-Gervaise-Saint-Protais.

Em 1180, com o mercado efervescente a congestionar demasiado o centro, foi transferido para mais longe, para os limites da cidade medieval. O mercado era constituído por uma imensa granja com um tecto alto. É o lugar actualmente chamado «Les Halles», onde são ainda visíveis vestígios de muralha no lado norte do mercado: uma enorme torre feudal chamada torre de Jean-sans-Peur. Esta muralha marcará o limite da margem direita até ao final do século XIV.

Como Paris continuava a crescer, construíram-se novas muralhas em 1380 para nelas incluir o bairro do Marais e, no século XVII, aquilo a que hoje se chama os «Grands Boulevards». As muralhas do século XVIII formam o tristemente célebre círculo de barreiras de portagem de Luís XVI (a portagem) («o muro que mura Paris...») e as do século XIX ainda visíveis em redor da capital formam o perímetro dos Tempos Modernos: o periférico. Para desfrutar de uma panorâmica emocionante dos 2000 anos de história de Paris, visite ➤ **Paris-Story, no 11, rue Scribe, 75009. Espectáculo multimédia todas as horas, das 9 h às 19 h. Comentários em francês disponíveis.** Aqui poderá descobrir Paris na companhia do mais ilustre Grão-Mestre do Priorado de Sião. Metro mais próximo: Opéra.

2. A île de la Cité

A île de la Cité parece um grande barco a flutuar no rio. Alguns dizem que os Gauleses a comparavam ao navio que transportou Ísis, quando esta partiu em busca de Osíris, o seu marido desaparecido (a história de Ísis é contada no capítulo sobre o Louvre).

O itinerário seguinte passa pelas muralhas galo-romanas, Notre-Dame e seus tesouros, o ponto zero, a Sainte-Chapelle e o local onde o Grão-Mestre da ordem do Templo foi queimado na fogueira.

As muralhas

Os vestígios mais antigos das muralhas da cidade são visíveis no museu arqueológico situado no adro de Notre-Dame e na encantadora rua de la Colombe. Esta muralha foi provavelmente construída por volta do final do século II e início do século III, com a ajuda de pedras que os Romanos retiraram dos seus próprios monumentos. Os vestígios desta muralha são espectaculares e, vendo mais de perto, podemos ver os vestígios das técnicas de construção da época: pequenas ranhuras e cavidades na pedra permitiam inserir nelas o material de elevação e incrustar enormes grampos metálicos para reforçar o conjunto. Conseguiu-se identificar a proveniência dos blocos esculpidos: os mais decorativos vieram do fórum romano de Paris. As muralhas foram construídas à volta da ilha para proteger a cidade na época das invasões bárbaras.

O principal templo da cidade no período romano era dedicado a Júpiter e erguia-se no local actual de Notre-Dame.

Passeie-se pela pitoresca rua de la Colombe e admire o pequeno mosaico do pavimento que atravessa a rua e que marca a localização da parte norte da muralha.

Notre-Dame: o templo de Vénus, de Ísis e da deusa da Razão

Notre-Dame, construída entre 1163 e 1220, tem os seus mistérios. Fulcanelli, o alquimista mais eminente do século XX, comparava a catedral a um livro de pedra, «uma obra-prima hermética». Segundo ele, os alquimistas medievais costumavam reunir-se frente ao pórtico da direita, cujas esculturas formam uma enciclopédia hermética.

A catedral está concebida segundo uma planta geométrica simples, pura e visualmente agradável. As complexidades arquitectónicas do número eram conhecidas dos Antigos e foram redescobertas durante o período clássico. Mas os construtores medievais de

catedrais ignoravam esta regra. Com efeito, os mestres tinham obrigado os pedreiros que trabalhavam no edifício a guardar segredo.

A festa dos loucos e outros temas pagãos

À direita do pórtico central, pode-se ver um conjunto de estranhos relevos, que fazem alusão à festa anual dos loucos que se realizava neste local. Este festival, uma autêntica válvula de escape social, visava manter no seu lugar as diferentes classes sociais. Todos tinham o direito de infringir as regras da convenção: o sexo, a violência e embriaguez reinavam sem limites. As pessoas travestiam-se, elegia-se um «papa dos loucos», os nobres vestiam-se de plebeus e vice-versa.

Neste conjunto de relevos, distingue-se um diabo-fêmea a urinar sobre a cabeça de um rei, de um bispo e de um plebeu. Estas três figuras representam os três estados das classes principais, significando que os reis e os bispos podiam também ir para o Inferno por mau comportamento.

Os alquimistas e os seus símbolos

Junto à estátua de Cristo, situada no pilar central do pórtico principal, encontra-se uma estranha alegoria da alquimia. A personagem, inserida num medalhão, segura dois livros: um aberto e o outro fechado. À sua frente, entre os joelhos, ergue-se uma escada.

O livro fechado simboliza o *esoterismo* e o livro aberto o *exoterismo*. Quanto à escada, representa o «hieróglifo da Paciência», que simboliza os nove níveis de paciência que o estudante de alquimia deve transpor para alcançar um saber perfeito.

Que mão?

Os lados direito e esquerdo da catedral estão associados, respectivamente, ao Bem e ao Mal. Em latim, «esquerda», que se diz *sinister*, está associada ao Mal. É por isso que, quando derrubamos um saleiro, atiramos sal por cima do ombro esquerdo, para o olho do Diabo.

No pórtico central, do lado da mão direita do Cristo, distinguem-se os Eleitos, os Virtuosos e, do lado da sua mão esquerda, os Condenados e a porta do Inferno.

Para visitar a catedral entra-se pela esquerda do Cristo, ou seja, pelo lado que representa o Mal, e sai-se pela direita, lado que representa o Bem.

Ísis e Vénus

Aqui, Langdon e Teabing estariam ambos no seu ele-mento. Com efeito, a Rosa da Virgem, na fachada, constitui um calendário astrológico. Tradicionalmente este começaria pelo signo do Carneiro, mas neste caso inicia-se pelo de Peixes, ao que parece uma tradição hindu.

O Peixe é o signo astrológico do místico e simboliza a união do «Eu» e da «Alma Universal». Mas é igualmente o símbolo de Vénus na mitologia grega.

O ciclo lunar de Vénus e de Ísis aparece também na galeria dos Reis, situada sobre a rosácea.

A galeria dos Reis contém 28 estátuas de soberanos, ainda que, segundo a Bíblia, devesse conter 18 ou 19. O mês lunar de Vénus contém 28 dias.

O signo de Peixes surge também em relevo no pórtico da esquerda.

Os cátaros albigenses e os cavaleiros Templários

No dia 12 de Abril de 1229, Raimundo VII, conde de Tolosa, foi prestar juramento diante de S. Luís e Branca de Castela, e jurou respeitar o tratado que assinara, confirmando a sua derrota e a vontade de pôr fim à «Cruzada contra os Albigenses».

Os Albigenses eram cátaros e, tal como Brown escreve, estavam convencidos de que Cristo e Maria Madalena eram casados. Foram aniquilados por uma cruzada travada contra eles no início do século XIV.

A 18 de Março de 1314, Jacques de Molay, Grão-Mestre dos Templários, assim como três outros dignitários, foram levados perante o rei para perto da catedral. O decreto papal anunciava a dissolução da ordem e a sua prisão perpétua foi lida em voz alta.

Molay começou por proclamar inocência, garantindo que a sua confissão fora obtida sob tortura. Desencadearam-se motins e Filipe IV, *o Belo*, condenou-o e a 37 outros Templários à fogueira.

O templo pagão

Durante a Revolução Francesa, a catedral de Paris tornou-se um templo dedicado à deusa Razão. Construiu-se um monte com 5 metros de altura na nave. O templo simbolizava «o triunfo da filosofia sobre o fanatismo» e a sua sacerdotisa era uma bailarina da Ópera chamada  *mademoiselle* Aubry. Esta, vestida com uma toga branca, usava um barrete frígio na cabeça. Usado antigamente pelos escravos libertos do Império Romano, este atributo tornou-se um símbolo importante da liberdade. Em 1801, a catedral foi restituída aos católicos.

A Sinagoga

A árvore do conhecimento

A Igreja

As exéquias da Virgem

O ponto zero

Frente à fachada da catedral, uma estrela de bronze assinala o centro geométrico de Paris. É o ponto do quilómetro zero a partir do qual se medem todas as distâncias relativamente a Paris ou França. Esta estrela sofreu o desgaste do tempo e da tradição segundo a qual, pondo-se em cima dela, se pode pedir um desejo. Atenção, pois este pode realizar-se! O autor deste guia pôs-se aí em cima há 15 anos: desde então está casado.

A Sainte-Chapelle: os reis, Cristo e Constantino

A Sainte-Chapelle apresenta um notável conjunto de vitrais conservados desde o período medieval. A construção deste edifício espectacular foi empreendida por Luís IX (S. Luís), para aí albergar a mais preciosa colecção de relíquias santas da Paixão, cujo resgate ele negociara.

Em 1239, a Coroa de Espinhos, uma parte da Santa Lança e um fragmento da Verdadeira Cruz foram levados para Paris pelo rei e pelo seu irmão. A Sainte-Chapelle era considerada um gigantesco relicário, destinado a receber e expor as relíquias da crucifixão.

É impossível datar o edifício com rigor, mas há provas de que a sua construção se iniciou em 1246 e que a igreja foi consagrada em 1248. Pensa-se que as obras duraram cerca de seis anos.

A capela divide-se em duas partes: a capela baixa, destinada ao pessoal e aos criados, e a capela alta, lugar privado, reservado à família real, onde as relíquias estavam conservadas. Ainda se pode ver o relicário, à imagem do próprio edifício com as suas partes baixa e alta, sendo esta última aquela onde se expunham as relíquias. Estas estão actualmente conservadas no Tesouro de Notre-Dame.

Doze estátuas dos apóstolos ao lado dos pilares lembram que os apóstolos são os pilares da Igreja.

Os vitrais

Os vitrais correspondem a dois períodos diferentes. As grandes janelas em ogiva que rodeiam a nave datam de meados do século XIII e a rosácea a oeste data do século XV. Cada vitral relata as cenas do Antigo Testamento, excepto um deles. É curioso verificar que o Antigo Testamento era visto como o livro dos infiéis. A história lê-se de baixo para cima e da esquerda para a direita em cada nível. A única janela que narra uma cena que não é retirada da Bíblia pode ser lida de baixo para cima, mas em ziguezague da direita para a esquerda e, depois, da esquerda para a direita. Situada à direita da entrada da capela alta, conta a história das relíquias, desde a sua aquisição por Constantino no século III até à sua chegada à Sainte-Chapelle no século XIII.

A rosácea narra a história do Apocalipse (para mais informações, ver o capítulo sobre os símbolos). A cor dominante é o verde esmeralda, que simboliza o *Apocalipse* 4,3, em que o trono de Deus é descrito como um arco-íris de luz esmeralda. O trono e os símbolos que o acompanham encontram-se no centro da rosácea.

➤ **Sainte-Chapelle: Metro: Cité. Aberta todos os dias. Concertos nocturnos regulares na capela alta oferecem a oportunidade de se descobrir o edifício numa atmosfera inédita.**

O quartel-general
de uma seita misteriosa

O local oferece as mais belas vistas de Paris. Vê-se melhor a partir da extremidade mais a oeste da ilha Saint-Louis. Embora o imóvel tenha sido construído com elementos recuperados da arquitectura medieval, foi concebido em 1956 pelo arquitecto francês Fernand Pouillon, que nele viveu um ano antes de Agha Khan o adquirir.

Agha Khan é o título conferido ao imã da seita ismaelita dos muçulmanos, que tem origem no grupo dos «Assassinos» da Idade Média. Os ismaelitas são os membros de uma seita secreta islâmica, um ramo dos xiitas e conhecidos também por «Sétimos» e que possui as suas próprias tradições e ritos secretos. O príncipe Ali Khan casou com Rita Hayworth na mesquita de Paris. Este templo merece realmente ser visitado: erguido em redor de um pátio interior e de um jardim exótico, possui também um esplêndido salão de chá. O seu minarete mede 33 metros de altura.

➤ **Residência do Agha Khan, 1-3, rue des Ursins, 75004. Metro: Cité. Mesquita de Paris, place du Puits-de-l'Ermite, 75005. Metro: Censier-Daubenton.**

O jardim do Vert-Galant.
Reis e Templários

Na extremidade ocidental da ilha, do outro lado da Pont-Neuf, existe um pequeno jardim com uma vista espectacular sobre o Sena e a zona oeste de Paris. Este jardim foi nomeado em honra de Henrique IV, cuja alcunha era «verde galante», por referência ao seu bom humor e à sua sede de viver. A estátua do rei, erigida no início do século XIX, foi realizada graças à fundição do bronze recuperado da estátua de Napoleão no topo da coluna Vendôme. Conta-se que o fundidor, Mesnel, teria escondido canções e um monte de escritos anti-realistas na barriga do cavalo e uma estatueta do Imperador no braço direito do rei.

A maldição de Jacques de Molay

Atrás da estátua, umas escadas conduzem ao jardim. Foi aqui que se desenrolou o último acto da história dos Templários. Com efeito, no dia 18 de Março de 1314, Filipe, *o Belo*, condenou o Grão-Mestre Jacques de Molay e três outros seus companheiros a serem queimados vivos. O Grão-Mestre chamou o rei, o papa e os seus dois ministros para irem junto da sua fogueira e jurou voltar a vê-los diante do Tribunal de Deus antes do fim do ano, e depois acabou por amaldiçoar a realeza e a sua dinastia. A terrível maldição realizou-se: o papa morreu em agonia a 20 de Abril, o rei faleceu em Novembro após um estranho acidente de caça, o ministro Nogaret entregou a alma em circunstâncias misteriosas alguns dias depois e o ministro Marigny foi enforcado. O filho de Filipe, *o Belo*, Luís X, reinou apenas durante cinco anos e morreu com 30 anos de idade. Em seguida, a morte de Carlos IV, último filho de Filipe, com 33 anos, pôs um ponto final na dinastia dos reis capetos e deu origem a uma história lendária sobre o poder dos Cavaleiros Templários.

➤ **(Para mais informações, ver o termo «Cavaleiros Templários» no glossário.)**

3. A margem direita de Sophie e Langdon

Café des Templiers

O café des Templiers é um *must* para os adeptos do insólito e curiosos dos cavaleiros misteriosos. Teabing e Langdon sentir-se-iam aqui certamente em casa, discutindo sobre os Templários com o Grão-Mestre do café, Jacques Serre.

Este café-museu guarda uma colecção incrível de objectos diversos, documentos e pinturas que evocam a história da monarquia e dos Templários. No exterior, em cada um dos lados da porta de entrada, encontram-se cópias das últimas vontades e do testamento de Luís XVI, documentos sobre o processo de Maria Antonieta e, certamente, de Joana d'Arc, um símbolo importante.

Ao que parece, os Templários descobriram as «toalhas turcas» nas suas cruzadas e trouxeram o conceito para estes locais! O leitor pode comprar uma *t-shirt* estampada com as armas dos Templários. Pode comer ou beber em pé no balcão, sentado na sala ou ir à caixa apostar na próxima corrida de cavalos. Este local garante uma clientela excêntrica, como ocasionalmente o autor deste guia. Aberto todos os dias das 6 h às 2 h.

➤ **Café des Templiers, 35, rue de Rivoli, 75004. Metro: Hôtel--de-Ville.**

A hora certa! Um canhão nos jardins do Palácio Real

O meridiano parisiense original atravessa os jardins do Palácio Real a 2º20'14" a leste de Greenwich e está adiantado 9 minutos e 21 segundos. Em 1786, fixou-se um pequeno canhão neste meridiano. Uma lupa alinhada no eixo do Sol ateava o fogo com pólvora e fazia disparar o canhão ao meio-dia em ponto, permitindo assim que os Parisienses acertassem os relógios. Mais tarde, tendo a lupa desaparecido, o canhão passou a ser disparado manualmente. Foi roubado em 1999 e dele resta agora apenas o pedestal (ver «Meridiano» no glossário).

➤ **Metro Palais-Royal-Musée du Louvre**

A coluna astrológica de Catarina de Médicis: uma profecia pessoal que se realiza!

Uma estranha torre ornamentada com uma gaiola semelhante a um astrolábio é tudo o que resta de um palácio real antigamente conhecido como o paço da Rainha. Catarina de Médicis era uma apaixonada da astrologia. A morte prematura do seu marido Henrique II fora prevista pelo astrólogo do papa Paulo III, Luc Gauric; esta previsão era confirmada numa das quadras do médico-astrólogo Nostradamus. Em 1559, a rainha chamou Nostradamus à corte. A previsão realizou-se quando Henrique II morreu durante uma justa nesse mesmo ano. A crença da rainha nas artes ocultas reforçou-se a tal ponto que esta força foi ilustrada pela palavra «desastre», proveniente de «dos astros» [*des astres*] que mostravam como a posição dos planetas afectava o quotidiano.

A Corte organizava desfiles e danças inspiradas nas cartas do zodíaco. Quando Nostradamus deixou a Corte, Catarina de Médicis recorreu a Cosimo Ruggieri, que se tornou seu conselheiro astrológico pessoal. Em 1570, mandou erigir para ele uma grande torre com 31 metros de altura.

Ruggieri previu à rainha que ela iria morrer *«perto de Saint-Germain»*. Como a igreja situada ao lado do Louvre se chamava Saint-Germain-l'Auxerrois e o seu local de residência Saint-Germain-des-Prés, a rainha retirou-se para o seu castelo em Blois, onde, frágil e inquieta, permaneceu acamada. Pouco tempo após a sua chegada, apresentaram-lhe o novo abade do castelo. Perguntou-lhe o nome e este respondeu: «*Julien de Saint-Germain*». E a rainha caiu morta, fulminada!

➤ **A torre, Bourse du commerce, rue de Viarmes, 75001. Metro: Louvre-Rivoli.**

A capela expiatória

Esta capela é um verdadeiro porto de paz a dois passos da vida trepidante dos grandes centros comerciais e do ruidoso universo da gare Saint-Lazare. Foi em memória do rei Luís XVI e da rainha Maria Antonieta que Luís XVIII mandou construir esta maravilha, que, tal como o nome indica, foi uma petição pública em penitência após as atrocidades cometidas durante a Revolução. Foi precisamente neste local que foram sepultados os soberanos guilhotinados, mas há tantos mistérios que rodeiam aquilo que aconteceu após a sua morte como a questão de Dan Brown sobre os Merovíngios.

Originalmente, este local abrigava o cemitério de la Madeleine, mas como estava tão próximo da guilhotina, depressa se tornou a vala comum de mais de um milhar de pessoas executadas nesta época. Entre os restos mortais lançados sem cerimónia para este cemitério, encontravam-se os de Marat e da sua assassina Charlotte Corday, Madame Roland, Philippe Égalité, Camille Desmoulins e Danton.

Supõe-se que Luís XVIII mandou exumar os restos mortais do seu irmão Luís XVI e da sua cunhada Maria Antonieta e ordenou que fossem transportados para a necrópole real de Saint-Denis, mais de 23 anos após a sua execução. Dada a quantidade de pessoas enterradas neste local e os muitos anos decorridos, seria provavelmente impossível identificar os restos mortais do rei e da rainha com alguma certeza. Os outros restos do cemitério foram transportados para as Catacumbas antes da construção da capela, em 1816, e é muito provável que os dos soberanos repousem aí em paz.

Durante a celebração do casamento de Luís XVI e Maria Antonieta, mais de 100 pessoas morreram num terrível acidente na praça da Concorde e foram sepultadas nestes cemitério. Uma estranha ironia do destino quis que as vítimas ficassem enterradas ao lado do rei e da rainha durante mais de 20 anos. Uma coisa é certa: a associação dos monarcas com Madalena acrescenta mais uma corda ao arco de Dan Brown.

➤ **Jardim Louis XVI, 29, rue Pasquier, 75008. Metro: Saint--Augustin.**

Os lugares da guilhotina: um «encurtador» patriótico

A guilhotina mudou várias vezes de lugar durante os anos revolucionários. No número 16 da rua Croix-Faubin estão ainda cinco blocos de pedra. Era necessário uma base sólida para suportar o peso da guilhotina e para que funcionasse correctamente.

A primeira foi instalada frente à Câmara Municipal e, depois, durante algum tempo no local do arco de triunfo do Carrousel, na Bastilha e na praça da Nation.

Pode-se ver uma verdadeira guilhotina militar na Cave das masmorras, na rua Galande. No museu da Polícia e na Conciergerie podemos ver também alguns trinchos.

Casa de Nicolas Flamel

Nicolas Flamel é, por certo, o alquimista mais célebre de Paris. Entre as suas muitas propriedades, esta é famosa por ser a casa mais antiga de Paris. Nicolas Flamel nasceu em Pontoise em 1330. Homem culto, comprava e vendia muitas obras e parece que chegou a ser escrivão público durante algum tempo. Enriqueceu tão rapidamente que se imputou esta fortuna súbita ao seu gosto pela alquimia. Na verdade, a finalidade do alquimista, transformar chumbo em ouro, tinha um aspecto mais espiritual do que financeiro. O mundo misterioso e hermético da alquimia era o universo do simbolismo e da alegoria. A transmutação das matérias simbolizava a passagem da existência terrena do homem para o estado espiritual.

O objectivo do alquimista era também a procura da imortalidade. Inventou-se aliás, a «pílula da imortalidade», composta por sulfato de mercúrio, que foi causa de muitas mortes. Os alquimistas precisavam de material científico avançado, como balanças, relógios, aparelhos de medição e termómetros. Por isso, contribuíram bastante para o desenvolvimento da medicina, da química e da farmacologia. Aperfeiçoaram as técnicas da tinturaria, inventaram provavelmente o fogo de artifício, a pólvora de canhão e descobriram a anestesia e a destilação. Sophie e Langdon fazem referência ao filósofo alquimista Francis Bacon quando tentam decifrar as mensagens codificadas deixadas no Louvre.

A carreira de alquimista de Nicolas Flamel começou com um sonho, no qual se encontrou face a um anjo que segurava um livro ilustrado com desenhos estranhos. O anjo disse-lhe: «...*um dia compreenderás os mistérios deste livro, bendito entre todos.*» Pouco tempo depois, alguém foi à sua livraria propor-lhe a compra de um manuscrito. Flamel reconheceu imediatamente o famoso livro que vira no sonho: o almanaque dos alquimistas. Subitamente invadido pelo desejo de perseguir o sonho, montou um laboratório e começou as suas experiências. Foi bem sucedido nas suas primeiras transmutações, fez uma peregrinação a Espanha e conheceu judeus hermetistas eruditos. Ainda que misteriosa, a sua imensa fortuna foi bem empregue e tornou-se um benfeitor generoso. Mandou construir capelas e igrejas, patrocinou o restauro do cemitério dos Innocents, contribuiu para obras de caridade e chegou a abrir um hospital. Este é agora um restaurante, situado na rua de Montmorency. A lápide de Nicolas Flamel está no museu de Cluny. Foi descoberta durante o desmantelamento do mercado des Halles, onde servia de prancha para cortar e retalhar espinafres. Flamel viveu perto da torre Saint-Jacques. As ruas Flamel e Pernel foram assim baptizadas em sua memória e da esposa.

➤ **Albergue Nicolas Flamel, 51, rue de Montmorency, 75003. Metro: Rambuteau ou Arts-et-Métiers. Encerrado aos sábados a partir das 12 h.**

A mira do norte

A mira do norte é o indicador setentrional do antigo meridiano de Paris: uma pirâmide de três metros de altura instalada por Cassini no alto da colina de Montmartre. Recorde-se que Cassini foi o primeiro astrónomo a reconhecer a existência de espaços entre os anéis de Saturno.

Actualmente, é difícil aceder à mira do norte, pois está dentro de uma propriedade privada. No entanto, o guarda pode deixar entrar os visitantes. Esta residência situa-se no número 1 da avenida Junot, no jardim du Moulin de la Galette, onde Renoir pintou a obra com o mesmo nome.

Musée Picasso

Curiosamente, Jacques Saunière, o conservador do museu do Louvre, não é apreciador de arte moderna. Já expressara a sua pouca estima pelo cubismo ao declarar, a propósito das *Meninas de Avinhão* [*Demoiselles d'Avignon*], que essas «*moles vazias*» só mereciam «*pancadas*»! Brilhante anagrama [*molles vides*; *gnons*]! Pablo Picasso tê-lo-ia certamente apreciado, pois os surrealistas e os dadaístas adoravam os jogos de palavras. Picasso foi o primeiro artista a introduzir e colar objectos autênticos nas suas telas, incluindo palavras e frases recortadas de artigos de jornais e revistas, o que fez dele o inventor de uma nova forma de arte apreciada pelos artistas modernos: a colagem.

Intitulada *Chaise cannée*, a sua primeira colagem está exposta no museu Picasso, que propõe uma fantástica paleta das obras produzidas pelo artista ao longo da vida. Esta colecção estende-se desde a sua infância até ao seu último período. O pintor só parou de trabalhar nos seus últimos dias de vida. Morreu em 1973, com 92 anos.

Nenhuma das obras expostas foi adquirida pelo museu. Na sua maioria, provêm da colecção privada do artista e fazem parte da doação Picasso, constituída por obras cedidas ao museu pelos herdeiros como pagamento dos direitos sucessórios.

Picasso não tinha qualquer ligação especial ao edifício, mas como viveu em muitas casas e castelos históricos, teria certamente aprovado a escolha deste local. O museu apresenta as obras por ordem cronológica, o que permite aos visitantes seguirem todos os seus brilhantes períodos. Entre as principais obras do museu incluem-se dois auto-retratos, *A Menina Descalça*, pintado em 1895 pelo artista então com 14 anos, e *A Morte de Casagemas*, retrato de um amigo que morreu pouco antes da sua chegada a Paris.

Uma sala inteira é dedicada ao desenvolvimento do cubismo. Esculturas e obras tardias encontram-se expostas no rés-do-chão. O museu, um palacete magnífico que data do século XVII, é conhecido por Hôtel Salé. O seu proprietário estava na época encarregue de colectar o imposto sobre o sal, a gabela, por conta de Luís XIV.

➤ **Musée Picasso. Hôtel Salé, 5, rue de Thorigny, 75003. Metro: Saint-Paul. Aberto das 9 h 30 às 18 h. Fechado à terça-feira.**

O Centro Pompidou

Atraído pela arte moderna, Langdon faz muitas referências ao Centro Pompidou. Ele próprio «*sim-bologista*», ter-se-ia certamente debruçado sobre as obras dos surrealistas, dadaístas e simbolistas. Teria também estudado Paul Klee e Kandinsky, que inventaram a sua própria linguagem pictórica simbólica. Teria depois dissertado longamente sobre a supremacia de Malevitch, que pintava quadrados brancos sobre fundo branco.

O Centro Pompidou propõe também uma colecção de obras de Yves Klein, como os seus primeiros monocromos. Pode-se igualmente admirar aqui as obras de Jackson Pollock, inventor do *dripping*. Por último, Langdon ter-se-ia talvez perdido na contemplação das obras religiosas sombrias e estranhamente emotivas de Rouault.

O Centro Pompidou é em si mesmo um edifício codificado. Os arquitectos Renzo Piano e Richard Rogers serviram-se de códigos de cores para decorar a estrutura e distinguir cada parte do edifício. O vermelho para a circulação e escadas rolantes, o verde para as águas, o amarelo para as instalações eléctricas e o azul para o ar.

O edifício é inspirado em Notre-Dame e na igreja de Saint-Merri, que estão a dois passos. Tal como as igrejas góticas, as estruturas de suporte estão dispostas no exterior, deixando assim maior área no interior aos espaços de exposição e de actividades.

O Centro Nacional de Arte e Cultura era um projecto

do presidente Georges Pompidou, apaixonado pela arte moderna. Abriu-se um concurso para eleger o melhor projecto. Em 680 arquitectos, só 20 franceses se candidataram.

Georges Pompidou mandou fazer decorações interiores ultramodernas para o palácio do Eliseu, que provocou a ira dos tradicionalistas. Uma magnífica antecâmara para ele concebida por Agam foi recriada no museu. Pode-se visitar a sala Agam no quarto piso.

O museu divide-se em dois níveis: o quarto piso expõe as obras desde 1960 até aos nosso dias, e o quinto exibe as obras desde o início da Arte Moderna (Matisse e Picasso) até 1960.

➤ **Centro Pompidou. Metro mais próximo: Hôtel-de-Ville. Aberto das 11 h às 21 h. Encerrado à terça-feira. Uma ampla esplanada no cimo do edifício oferece uma vista espectacular sobre a cidade.**

Um templo rosacruciano

Os Rosa-Cruz fazem parte das muitas seitas religiosas frequentemente mencionadas no livro de Dan Brown. Este movimento esotérico difundiu-se na Europa no início do século XVII.

Dois panfletos impressos na Alemanha por volta de 1615 são atribuídos a Christian Rosenkreutz (1378--1484), que afirma possuir poderes ocultos baseados num conhecimento alquímico e científico. Fundou a ordem dos Rosa-Cruz e serviu-se dos seus escritos para recrutar intelectuais.

A irmandade dos Rosa-Cruz existe nos Estados Unidos desde pelo menos 1774 e, segundo as suas próprias publicações históricas, era dirigida pelo Grande Conselho dos Três, do qual fizeram parte Benjamin Franklin, Thomas Paine e, mais tarde, Lafayette.

Benjamin Franklin foi membro da loja rosacruciana parisiense «Humanidad». Thomas Paine viveu no número 10 da rua do Odéon, onde se pode ver uma placa na qual está escrito: «*Thomas Paine, inglês de nascimento, francês por decreto e americano de adopção.*»

A ordem dos Rosa-Cruz reunia numa grande organização diferentes grupos, como os hermetistas, os gnósticos, os pitagóricos, os magos, os platónicos e os alquimistas. Esta organização estuda filosofia e propõe cursos de astrologia. A sua finalidade é conciliar o místico, o científico e o espiritual. Servem-se de um número incalculável de símbolos, especialmente dos triângulos, que representam a Lâmina e o Cálice.

O seu tempo e livraria situam-se no número 199 da rua Saint-Martin, entre a rua da casa de Nicolas Flamel e o Centro Pompidou (livros, discos, mapas, incensos, tarots de adivinhação, pêndulos, bolas de cristal, etc.).

Saint-Germain-l'Auxerrois

Originalmente, neste local havia uma igreja merovíngia dedicada a São Germano [saint Germain], bispo de Auxerre em finais do século V.

A igreja é um almanaque de esculturas no espírito de *O Código da Vinci*, baixos-relevos e iconografias religiosas. No exterior, no lado norte, há uma «Bola de Ratos» extremamente rara. Existem apenas três em França. A escultura representa ratos a roerem uma bola, que pode simbolizar o pão quotidiano ou o mundo em geral. Estes ratos, por sua vez, são espiados por um gato atento.

O interior da igreja alberga um maravilhoso bestiário medieval de criaturas diversas: ursos que dançam, pássaros fantásticos, grifos, macacos, lobos e cães. No fundo do edifício, na base do tecto, podemos ver um peixe aos pedaços. Esta peça curiosa alude ao nome dos benfeitores locais: a família Tronçon.

Debaixo do pórtico ergue-se uma estátua de Maria, *a Egípcia*. A sua história é narrada na *Lenda Áurea*, de Jacques de Voragine. Teabing refere-se a este livro, que é uma enciclopédia medieval da vida dos santos. Esta bela estátua representa Maria a segurar três bolas de pão.

Maria vendia o corpo para pagar a sua peregrinação à Terra Santa. Chegada diante do Santo Sepulcro de Cristo, foi repelida por uma mão invisível. Teve um sonho no qual lhe era dito que comprasse pequenos pães e fosse para o deserto, para lá do Jordão, onde devia viver como eremita. Maria, *a Egípcia*, não sabia ler, mas nem por isso era menos divinamente instruída em matéria de fé cristã. Viveu vários anos alimentando-se do pão que levara consigo. Em pouco tempo, as suas roupas tornaram-se andrajos, mas a sua cabeleira crescera tanto que lhe serviu de traje. Ao fim de várias décadas de solidão no deserto, encontrou um monge chamado Zózimo, que lhe ofereceu a capa e prometeu voltar para lhe dar a comunhão. No seu regresso, encontrou-a morta; um leão amistoso ajudou Zózimo a cavar a sepultura. Esta história é contada num quadro de Chassériau, que se encontra numa deslumbrante igreja não longe daqui, a igreja Saint-Merri.

Após a mudança da família real para o Louvre, a igreja Saint-Germain-l'Auxerrois tornou-se a paróquia do palácio. Podemos ver aqui o banco real na ala norte. Os artistas ao serviço do rei no Louvre eram tradicionalmente sepultados nesta igreja, e 20 dos mais célebres pintores e escultores franceses repousam aqui em paz, em especial Boucher e Chardin.

➤ **Metro mais próximo: Louvre-Rivoli.**

Saint-Merri

Langdon e Teabing teriam certamente prestado grande atenção a esta bela e misteriosa igreja. O edifício está associado a dois santos cuja história pode ter origem na de Maria Madalena. Podemos também admirar aqui uma cabeça de Baphomet que coroa o pórtico ogival no centro da fachada. Esta conserva uma rica decoração constituída por criaturas imaginárias e animais, sapos, caracóis e lagartos, que sobem pelo vão da porta.

Teabing explica que o simbolismo dos pórticos das igrejas medievais era comparado a uma certa parte da anatomia feminina. Aliás, quando Collet lê as notas do velho historiador, exclama: «*Isto quase nos dá vontade de regressar à missa!*».

Baphomet é um dos símbolos misteriosos associados aos Templários (ver glossário). Quando este livro foi para o prelo, o pórtico da igreja estava coberto por um tapume que escondia a cabeça de Baphomet.

A torrinha octogonal da esquerda contém o mais antigo sino de Paris, «o Merri», fundido em 1331. A igreja possui também órgãos e o compositor Camille Saint-Saens foi organista em Saint-Merri em 1853.

No exterior da igreja, gárgulas fascinantes dominam a rua do Cloître. Na época medieval, a zona da igreja era conhecida pela sua miséria sórdida e pelas prostitutas. Em *Os Miseráveis*, Victor Hugo põe o seu jovem herói Gavroche a morrer na esquina desta rua com a igreja.

Os vitrais da nave datam do século XVI e narram a vida de santa Inês, padroeira das prostitutas. Por cima das duas primeiras arcadas, vemos Inês forçada à prostituição pelo imperador romano, por fazer parte do culto cristão. Mais tarde, com o filho doente, o imperador foi pedir a Inês que rezasse pela sua saúde. Ela obedeceu e a criança curou-se. Inês aparece nua, como Maria, *a Egípcia*, coberta apenas pela sua longa cabeleira.

A terceira capela no prolongamento do transepto contém um fresco pintado por Chassériau, que relata a história de Maria, *a Egípcia* (ver excerto acerca de Saint--Germain-l'Auxerrois).

➤ **Metro mais próximo: Hôtel-de-Ville.**

O jardim do Templo e a história dos Templários

O jardim do templo é um ponto-chave em Paris. Era aqui que se situava o quartel-general dos Templários de Paris. Após ter sobrevivido à Revolução, o recinto e os seus edifícios espectaculares foram tragicamente demolidos, certamente por causa da sua associação à família real: o rei Luís XVI e o filho, Luís XVII, terminaram os seus dias na prisão do Templo. Maria Antonieta foi aqui mantida

Rua Monsieur-le-Prince

prisioneira até à execução do rei. No museu Carnavalet está exposta uma réplica da sua cela.

Tudo o que resta actualmente do Templo parisiense é um jardim encantador, um mercado coberto e algumas ruas medievais.

O recinto dos Templários era uma autêntica «cidade dentro da cidade», cujas fortificações seguiam as ruas que rodeiam o jardim actual: a rua do Temple, a rua de Bretagne e a rua Bérengère. A imponente fortaleza e a residência do seu comandante situavam-se no cruzamento das ruas Eugene-Spuller e Perrée, na esquina sudeste do jardim. O castelo foi construído por volta de 1260, depois do Louvre e de Notre-Dame. A sua dimensão e estrutura reflectiam o poder político e financeiro da ordem do Templo.

A Conciergerie, na ilha da Cité, dá uma ideia da dimensão do Templo. Existe aí uma magnífica sala gótica, chamada sala das gentes de armas, bem como enormes torres feudais construídas por Filipe, *o Belo*.

Os Templários, guardiões do Graal

A origem dos Templários remonta a 1118, quando nove cavaleiros franceses decidiram dedicar a vida a proteger os peregrinos na perigosa viagem à Terra Santa, para onde se dirigiam os fiéis desde a cristianização de Roma. Iam principalmente a Jerusalém, onde Cristo morreu e ressuscitou. Em redor do Santo Sepulcro, Constantino mandou construir um santuário que, com o Gólgota, atraía muitos peregrinos. Há registos destas viagens que remontam ao século IV. Os peregrinos usavam cajados e nas suas capas prendiam insígnias provenientes dos santuários que tinham visitado. Podemos ver uma magnífica colecção destas insígnias no museu de Cluny. Em 936, São Jerónimo traduziu a Bíblia em latim e mandou construir dois mosteiros para acolher uma multidão cada vez maior.

No século VII, o império muçulmano estendeu-se até à Palestina, Síria e Egipto. O califa Omar apoderou-se de Jerusalém em 637. Durante a invasão, foram destruídos muitos edifícios religiosos. Jerusalém tornou-se um importante centro muçulmano, mas o Santo Sepulcro foi poupado, pois o *Alcorão* reconhecia o carácter sagrado dos ensinamentos de Jesus. Apesar do período agitado, as peregrinações continuaram durante o reinado de Carlos Magno.

A condição dos peregrinos alterou-se dramaticamente quando os Fatímidas tomaram Jerusalém em 969. O califa Al Hakim, conhecido pela sua brutalidade, destruiu o Santo Sepulcro e perseguiu judeus e cristãos. A notícia chegou até ao Ocidente cristão e provocou protestos, mas Bizâncio, em guerra contra os Turcos muçulmanos, estava demasiado ocupada para intervir na Terra Santa.

As primeiras cruzadas

Os massacres frequentes tornaram as peregrinações impossíveis. Em 1095, o papa Urbano II apelou para que os cristãos reconquistassem Jerusalém. Nenhum rei ou imperador respondeu a este apelo. Só alguns duques e senhores feudais se uniram à causa e se prepararam para partir. «*É a vontade de Deus*», gritavam as multidões. Em Agosto de 1096, 12000 homens puseram-se a caminho. Ao fim de três anos de cruzada, acabaram por chegar a Jerusalém, que reconquistaram em 15 de Julho de 1099. Estes homens usavam cruzes de tecido vermelho cosidas nas suas túnicas. Os cruzados vão buscar o nome a estas cruzes. Um dos chefes destes cruzados era Godofredo de Bouillon, nomeado rei do reino de Jerusalém. (Segundo algumas fontes, terá sido o fundador do Priorado de Sião e o descendente merovíngio de Cristo e Maria Madalena. Terá ordenado aos cavaleiros do Templo que procurassem documentos relativos ao Sangue Real, escondidos debaixo do templo, para dar aos Merovíngios a prova da sua ligação hereditária a Jesus.)

Godofredo de Bouillon morreu pouco depois da reconquista da cidade e sucedeu-lhe o seu irmão Balduíno. As peregrinações podiam ser retomadas apenas por via marítima. As viagens terrestres estavam ainda pejadas de perigos e, em 1118, Hugo de Payns resolveu constituir uma ordem de cavalaria para proteger os peregrinos cristãos: auto-intitularam-se os Pobres Cavaleiros de Cristo. A sua reputação cresceu muito depressa e Balduíno II (primo de Balduíno I) propôs-lhes que se instalassem no seu palácio, construído no local do templo de Salomão. Acabou por lhes ceder todo o palácio e foram rebaptizados como «Cavaleiros do Templo». Podiam finalmente ter pleno acesso ao tesouro que procuravam.

Os cavaleiros consideravam-se tanto guerreiros como monges. Em 1127, Hugo de Payns requereu o reconhecimento oficial do papa. O número de aderentes à ordem aumentara e era necessário uma organização. Os monges guerreiros adoptaram uma Regra instaurada por S. Bernardo de Claraval e estabeleceu-se uma estrutura hierárquica com base na categoria social dos membros. O uniforme de rigor consistia numa túnica branca coberta por uma capa negra ou castanha, tendo como sinal distintivo uma cruz vermelha.

Em 1139, o papa Inocêncio II autorizou os Templários a construírem os seus próprios oratórios e a possuírem os seus próprios cemitérios. As capelas que erigiam eram de grande simplicidade, como o requeria a Regra. As igrejas dos Templários tinham geralmente forma redonda. Assim foi em Paris e em Londres. A sua arquitectura era decalcada da do Santo Sepulcro.

À medida que a ordem crescia, a sua fortuna e independência ganhavam dimensão. Desempenhavam o papel de banqueiros e o Templo parisiense guardava o tesouro do rei. A independência política e religiosa da ordem provocou o declínio da sua popularidade e, sobretudo, a desconfiança do rei e do papa.

Outras nações formaram os seus próprios grupos, criando assim alguns conflitos: os Hospitaleiros e os Cavaleiros Teutónicos entraram em guerra contra os Templários. Em 1229, Frederico II de Hohennstaufen usurpou o trono de Jerusalém e fez-se coroar no Santo Sepulcro. Foi apoiado pelos Cavaleiros Teutónicos, mas acabou por ser excomungado pelo papa e as hostilidades prosseguiram.

Em 1244, Jerusalém foi novamente atacada e tomada pelos Turcos, provocando a morte de 312 dos 348 Templários. O início da sétima cruzada fez renascer a esperança, mas revelou-se um autêntico desastre, combinado com a cheia do Nilo, que causou uma terrível epidemia de disenteria. Todo o exército pereceu, o rei São Luís foi feito prisioneiro e o Grão-Mestre do Templo morreu.

Em 1288, os Mamelucos lançaram uma ofensiva sobre a Terra Santa. O sultão Al-Ashraf apoderou-se de S. João de Acre na Primavera de 1291 com um exército de 220 000 homens. Apesar de uma reconciliação que reuniu as suas forças, os Hospitaleiros e os Templários foram derrotados. Guilherme de Beaujeu, último Grão--Mestre do Templo na Terra Santa, foi morto, bem como o Mestre dos Hospitaleiros. Os templários sobreviventes deixaram a Terra Santa pela última vez.

O tesouro dos Templários

Entre o final do século XII e o final do século XIII, o Templo de Paris geriu a tesouraria do rei e os Templários cumpriam a função de banqueiros. A fortuna da ordem, à qual se acrescentavam as dádivas e as doações, tornou-a numa organização imensamente rica e poderosa. Os pagamentos dos peregrinos em troca de protecção representavam uma considerável fonte de rendimentos suplementares.

Mas em que é que consistia esse tesouro? Alguns dizem que se tratava do Santo Graal. O Graal seria constituído por documentos, como o famoso documento «Q», que Cristo teria alegadamente redigido com a sua própria mão, diários íntimos de Maria Madalena e a prova de uma linhagem (o sangue Real) descendente dela e de Cristo.

Diz-se que parte do Graal é o sarcófago com as relíquias de Maria Madalena. Poderia também incluir a Arca da Aliança. Tudo isto teria sido alegadamente descoberto na altura em que o Templo era o quartel-general da ordem. A presença de um túmulo visível na tela de Poussin *Et Arcadia Ego* e de um túmulo semelhante em Rennes--le-Château sugere aos autores de *O Enigma Sagrado* que o tesouro pode ter sido escondido em Rennes-le-Château e descoberto por Bérenger Saunière.

Filipe, *o Belo*, e a queda dos Templários (rei de França entre 1285 e 1314)

Devido à guerra e ao alargamento das fronteiras, Filipe IV estava desesperadamente com falta de dinheiro e encarregou os seus financeiros (os Templários) de colectarem os impostos em seu nome, o que contribuiu em parte para o declínio de popularidade da ordem. Filipe entrou em conflito com o papa Bonifácio VIII por causa dos impostos clericais e foi excomungado em 1303.

Após a morte do papa Bento XI, um francês, Clemente de Bordéus, foi eleito seu sucessor e instalou-se em Avinhão. Eleito graças ao rei, o novo papa, com o seu acordo, aprovou a dissolução da ordem dos Templários.

Filipe IV, que já perseguira os judeus e os banqueiros lombardos para se apropriar dos seus bens, estava agora determinado em ficar com a imensa fortuna dos Templários, argumentando que, como perdera a Terra Santa, aquela já não servia qualquer causa. Graças a uma operação secreta de grande envergadura, todos

3. LA CONCIERGERIE — Salle des Gardes
Construite dans le style gothique. C'est par le perron qui se trouve à gauche que descendent les détenus à leur arrivée

os Templários de França foram detidos na madrugada de uma sexta-feira 13 do ano 1307. Foi depois deste acontecimento que esta data ficou ligada a uma crença supersticiosa.

Foi necessária uma coordenação perfeita e as detenções tinham sido planeadas muito tempo antes. Alguns afirmam-se convictos de que a verdadeira motivação não era apenas financeira, mas também eliminar o saber controverso detido pelos Templários. O rei colocou um dos seus administradores pessoais no lugar de cada Grão-Mestre preso. Em Paris, o chanceler Nogaret prendeu pessoalmente Jacques de Molay. No mesmo dia e à mesma hora, foram nomeadas 3000 chefias, numa operação brilhantemente orquestrada.

A detenção dos Templários em 1307 não pôs um ponto final na história: seguiram-se processos, torturas e confissões. Informou-se a população das práticas diabólicas perpetradas pelos Templários, que foram acusados de blasfémia, de ritos obscenos e de venerarem um ídolo chamado Baphomet. Entre os alegados crimes de que foram acusados, referiam-se cuspir na Cruz e a sodomia.

Cento e trinta e oito Templários parisienses foram interrogados na sala do seu próprio quartel-general: 36 morreram sob tortura e apenas três negaram até ao fim os crimes de que eram acusados. As provas eram irrefutáveis: os Templários eram culpados!

Decorreram vários anos de hesitações entre o rei e o papa, enquanto discutiam o que fazer ao tesouro dos Templários. No dia 22 de Dezembro de 1312, Clemente V delegou os seus poderes a três cardeais, todos eles muito próximos de Filipe, *o Belo*. O fim da história desenrola-se no jardim do Vert-Galant ➤ (ver parágrafo «A maldição de Jacques de Molay, p. 103).

Saint-Gervais-Saint-Protais. O olmo

Saint-Gervais-Saint-Protais é uma igreja deslumbrante que se situa mesmo atrás de Notre-Dame. Os dois santos eram cristãos gémeos, martirizados pelo imperador romano Nero. No meio do jardim ergue-se um olmo. Esta árvore era tradicionalmente o emblema dos banqueiros, mas é também assimilada ao mistério do Santo Graal.

Conta-se que o Priorado de Sião terá renegado os seus protegidos, os Templários, após a perda de Jerusalém em 1187. Nesta época, os Templários já não eram o braço armado do Priorado nem estavam sob o seu controlo. Qual das duas partes nesta altura possuiria o tesouro continua a ser um mistério, mas o Priorado mudou o seu quartel-general para a cidadela medieval de Gisors. Em 1188, realizou-se aqui uma estranha cerimónia, na qual se abateu um olmo sagrado alegadamente com 800 anos. O abate da árvore devia simbolizar a ruptura das relações entre as duas confrarias. Até então, o Priorado e a ordem dos Templários partilhavam o mesmo Grão-Mestre, mas, nesta data, os laços foram cortados. Segundo os documentos do Priorado, o primeiro Grão-Mestre de Sião foi Jean de Gisors, e o novo Priorado chamava-se *Ormus*.

Ormus (do nome da árvore – olmo) representa também um símbolo importante para os gnósticos e zoroastrianos. Segundo os maçons, Ormus é um místico de Alexandria.

Podemos ver representações de olmos nos gradeamentos do edifício, bem como mais alguns gravados nas cadeiras do coro.

Envolto em mistério!

O Santo Sudário de Turim deu origem a muitas teorias exploradas em *O Código da Vinci*. Na igreja está exposta uma reprodução em tamanho natural.

Entre estas teorias, há uma segundo a qual Leonardo da Vinci teria concebido o Santo Sudário e feito nele o seu auto-retrato. Muitos debates sobre uma dobra inexplicável ao nível do pescoço tendem a demonstrar a abordagem pouco religiosa de da Vinci. Esta linha faria alusão à cabeça cortada de João Baptista, personagem mais presente e importante do que Cristo nas suas pinturas.

Outra teoria igualmente estranha afirma que o Santo Sudário teria a marca de Jacques de Molay, cujo corpo teria sido nele amortalhado após a crucificação. A história alega que o Mestre templário não terá sido queimado na fogueira, mas ridicularizado e crucificado como Cristo e, depois, embrulhado numa mortalha, que libertou um produto químico e incenso no sangue humano formando a marca de um corpo.

Por muito improváveis e excêntricas que possam ser estas teorias, continua a não haver explicação satisfatória sobre o que é realmente o Santo Sudário. A livraria da igreja (logo atrás, na rua Barres) propõe várias obras sobre o Santo Sudário, todas igualmente evasivas quando se trata de fornecer informações sobre este estranho objecto fantástico.

A torre de Saint-Jacques

Antigamente dedicada à corporação dos marchantes, localizada no mercado vizinho, a igreja de Saint-Jacques-de-la-Boucherie foi demolida no final da Revolução e o campanário gótico, de 50 metros de altura, constitui o seu único vestígio.

Saint-Jacques [S. Tiago] era o padroeiro do santuário mais importante da Europa medieval, cuja torre era o ponto de reunião dos peregrinos de Santiago de Compostela. O símbolo dos peregrinos é uma concha: a concha de Santiago!

Diz-se que a torre guardava os segredos dos alquimistas. Nicolas Flamel (ver o parágrafo «Casa de Nicolas Flamel») mandou construir aí um pórtico gravado com motivos estranhos, e foi aí enterrado. Podemos ver a sua lápide no museu de Cluny.

O edifício atrai muitos médiuns e místicos de todo o género: é possível que estes sejam os únicos que podem penetrar no mistério deste edifício, constantemente escondido por um tapume.

A torre sofreu algumas vicissitudes e a estátua de Blaise Pascal, situada na base, lembra que ele realizou aqui as suas experiências barométricas em 1648. Jansenista, auto-flagelava-se, à semelhança de Silas em *O Código da Vinci*, e morreu num sofrimento atroz, agravado por essas práticas. Foi o inventor da primeira máquina de calcular da história, que está exposta no museu das Artes e Ofícios.

Para recuperarem o bronze dos sinos, os Revolucionários queimavam os madeiros e o sino caía. Foi o que aconteceu aqui, e o sino caiu pelos quatro andares de abóbadas góticas. Desde então, a torre permaneceu vazia. Foi utilizada como fábrica de munições e instalou-se uma fundição no cimo; o chumbo, para arrefecer, escorria para baixo em pequena quantidade por recipientes de água. Em 1836, esta curiosidade arquitectónica foi adquirida pela Câmara de Paris e declarada monumento histórico. O arquitecto Ballu começou o seu restauro em 1850 e desde então as obras ainda não pararam!

O tetramorfo (**ver glossário**) medieval que anti-gamente encimava a torre de Saint-Jacques está agora nos jardins de Cluny. O cimo da torre é actualmente uma estação meteorológica ligada ao observatório de Mont-souris.

Victor Hugo (Grão-Mestre do Priorado de Sião entre 1844 e 1885)

Victor Hugo habitava o segundo andar de uma casa na praça des Vosges, agora um museu de entrada gratuita. O apartamento é uma longa série de assoalhadas, desde a antecâmara até ao quarto, passando pelos salões. No quarto está o seu leito de morte. Todas as salas são escuras e apresentam uma atmosfera mórbida opressiva, intensificada pelo mobiliário fantástico e pelas decorações de inspiração antiga concebidas por Victor Hugo.

Consagrou uma magnífica sala decorada com lambris à amante Juliette Drouet. Os lambris, de inspiração chinesa, são compostos por silhuetas acrobáticas e tambores cujas sombras formam as iniciais de Hugo e Juliette. Sabe-se que Victor Hugo tinha grande interesse pelo espiritismo, especialmente após o trágico falecimento da sua querida filha Léopoldine, que morreu afogada com o marido pouco tempo após o seu casamento.

Uma das suas amigas, Delphine de Girardin, foi visitá--lo e iniciou-o no espiritismo e nas mesas giratórias. Realizou sessões regulares durante dois anos, período em que tinha a firme convicção de estar em contacto com o mundo espiritual. Afirma ter falado com a sua filha, bem como com Joana d'Arc, Shakespeare e Jean--Jacques Rousseau; os espíritos ditavam-lhe versos num estilo hugoliano.

Numa das suas sessões, um amigo entrou numa crise de demência, o que provocou a fúria da mulher de Victor Hugo, que pôs um ponto final na aventura espírita do marido.

➤ **Musée Victor Hugo, 6, place des Vosges, 75004. Metro mais próximo: Saint-Paul.**

Place des Vosges

Nº 85239

FONDATION LE CORBUSIER
10 SQUARE DU DOCTEUR-BLANCHE 75016 PARIS TÉL. 42.88.41.53

O Modulor de Le Corbusier

A fundação Le Corbusier.
Os arquitectos e o Homem de Vitrúvio

O Homem de Vitrúvio é um elemento essencial de *O Código da Vinci*. É a chave que reúne a série de mensagens codificadas deixadas por Saunière, que conduzem Sophie e Langdon a Leonardo da Vinci e que os ajudam a decifrar a sequência de Fibonacci. O corpo de Saunière está também disposto em pentáculo, sugerindo o Sagrado Feminino, semelhante às cinco pontas da estrela, símbolo de Vénus.

O desenho representa um corpo de homem inscrito em duas figuras geométricas perfeitas: o círculo e o quadrado, sublinhando a que ponto a natureza integrou as suas criações na «divina proporção do justo meio», acerca do qual Langdon faz uma longa palestra aos seus alunos.

O Homem de Vitrúvio foi desenhado por volta de 1490 e foi assim chamado em memória do arquitecto e teórico engenheiro romano Vitruvius, que esteve ao serviço de Júlio César. A sua obra, de pouca importância na época, teve enorme influência na arquitectura desde o Renascimento até aos nossos dias.

Os arquitectos e artistas em busca da perfeição procuraram sempre a fórmula ideal. Foi em 1950 que o arquitecto Le Corbusier elaborou um sistema de proporções que designou por «Modulor». Igualmente baseado na silhueta humana, utilizou-o para determinar as proporções das unidades de habitação. A sua arquitectura estilizada, de um modernismo impressionante, é visível por toda a França. Duas das suas casas espectaculares estão abertas ao público. Os seus desenhos, pinturas e concepções arquitectónicas estão aí expostos nas melhores condições.

➤ **Villa La Roche e Fondation Le Corbusier, 8, square du Docteur-Blanche, 75016. Estações mais próximas: Jasmin e Michel-Ange-Auteuil. Horas de visita: das 10 h às 12 h 30 e das 13 h 30 às 18 h (segunda-feira 13 h 30 – 18 h; sexta-feira 17 h; sábado 10 h – 17 h. Encerrado ao domingo e manhã de segunda-feira, no mês de Agosto e feriados.**

4. A margem esquerda de Sophie e Langdon

A Universidade Americana

Fundada em 1962, é a última instituição do género na Europa. Langdon foi à universidade na qualidade de prestigiado orador numa conferência sobre os símbolos pagãos da catedral de Chartres. A universidade tem um curso completo de História da Arte.

Antes de dar a palavra a Langdon, a organizadora da conferência pronuncia uma introdução ao eminente professor, temida por todos os conferencistas. Será esta mais uma experiência pessoal de Brown?

A Universidade Americana de Paris é constituída por um *campus* e seis edifícios, e situa-se perto da torre Eiffel, nas margens do Sena. O estabelecimento faculta um leque de cursos muito completo sobre artes e ciências, desde a Antropologia à Astronomia. Até à data, não havia cursos de «*simbologia*», mas a sua reputação de universidade independente leva a pensar que, em breve, disponibilizará este tipo de curso.

➤ **American University of Paris, 102, rue Saint-Dominique, 75007.**

Cluny

Cluny é o sítio ideal para os que se interessam pela Paris medieval. Muitos dos temas abordados por Brown estão expostos neste museu. Raros foram os objectos da vida quotidiana que sobreviveram, mas os tesouros da Igreja foram preciosamente conservados. No museu, podemos ver: relicários, ossários, insígnias de peregrinos, esplêndidas tapeçarias, retábulos, armaduras como as usavam os Templários, pinturas, iluminuras, vitrais e muitas outras maravilhas.

O museu alberga a lápide do alquimista Nicolas Flamel e a soberba tapeçaria de *La Dame à la Licorne*, tema de outro *best-seller* escrito por Tracy Chevalier. O próprio edifício é medieval e foi construído mais ou menos na época em que Nicolas Flamel era Grão-Mestre do Priorado de Sião, quando a ordem do Templo já fora há muito dissolvida. Foi construído por Jacques d'Amboise, cujo emblema era a concha de Santiago de Compostela, que figura por todo o lado.

No pátio, podemos ver «o poço do homem selvagem», bem como um antigo quadrante solar.

O museu tem à disposição um variado leque de actividades, uma excelente livraria e uma loja de lembranças.

➤ **Metro mais próximo: Cluny-La-Sorbonne. Das 9 h 15 às 17 h 45. Encerrado à terça-feira.**

O pátio do comércio Saint-André

Este labirinto de pequenas ruas abriga alguns vestígios da antiga Paris. É aqui que se situa o mais antigo café de Paris, *Le Procope*, onde se reuniam os intelectuais e os revolucionários, bem como muitos maçons. Podemos ver os restos da muralha mais antiga da cidade de Paris numa das lojas em forma de torre. Esta muralha foi construída pelo cruzado Philippe Auguste em 1180, na época da cisão entre a ordem do Templo e o Priorado de Sião, quando Jacques de Gisors se tornou o seu Grão--Mestre.

Uma placa indica onde o doutor Guillotin inventou e aperfeiçoou a máquina que iria acompanhar a monarquia francesa no seu fim trágico. Conta-se que, durante a execu-

ção do rei na praça de la Concorde, em Janeiro de 1793, um desconhecido subiu ao cadafalso e, mergulhando as mãos no sangue real, gritou: *«Jacques de Molay, estás vingado!»* Um retrato de Joseph Ignace Guillotin está exposto na colecção revolucionária do museu Carnavalet. Guillotin experimentou a sua máquina durante dois anos em cordeiros, pois, para ele, este animal tinha um pescoço parecido com o de um homem. O doutor maçon era, apesar de tudo, muito humano, e procurava uma técnica de execução rápida e limpa, muito menos bárbara do que as utilizadas anteriormente. No início da Revolução, o rei Luís XVI aprovou a sua invenção!

A última execução pública em Paris teve lugar em 1939, e a última execução realizou-se na prisão de la Santé em 1977.

Esta galeria abriga também vários cafés e salões de chá muito simpáticos, se, evidentemente, o leitor não tiver cortado com estas bebidas!

➤ **Metro mais próximo: Odéon**.

O metro-padrão:
quando o metro substitui um mestre

Junto à parede, sob as arcadas do número 36 da rua Vaugirard, perto dos jardins do Luxemburgo, encontra-se o metro-padrão de Paris. O metro é a décima milionésima parte do comprimento do quarto do meridiano que vai do pólo até ao equador. Esta unidade de medida foi

adoptada pelos Franceses no dia 1 de Agosto de 1793, pouco depois de Luís XVI ter sido guilhotinado.

Até esta época, as unidades de medida variavam com as regiões. O sistema métrico, devido ao típico espírito revolucionário dessa época, provocou grande confusão entre os iletrados: as divisões por 2, 4 ou 8 eram fáceis, qualquer ponta de cordel podia ser dobrada uma, duas ou três vezes, mas encontrar a fracção de um metro tornava-se uma tarefa desmesuradamente difícil.

A mira do sul

A mira do sul é um marco situado no parque Montsouris, perto da entrada do boulevard Jourdan. Mede quatro metros de altura e o seu topo tem um pequeno óculo. O nome de Napoleão foi apagado durante a Restauração e substituído por uma faixa larga.

A mira do sul baliza o traçado do meridiano de Paris: uma linha recta que parte do marco até ao centro do Observatório de Paris. Liga Dunquerque a Perpinhão, passando pela mira do norte, situada em Montmartre. O meridiano de Greenwich foi adoptado em 1884.

Para honrar a memória do físico François Arago e o seu trabalho sobre o meridiano terrestre, a França encomendou uma obra ao escultor holandês Jean Dibbets para materializar o percurso do meridiano, e o artista fixou mais de uma centena de medalhões de bronze no betume. O primeiro está localizado perto da mira. Em cada medalhão está inscrito o nome de Arago, assim como um «S» e um «N» orientados no sentido do meridiano. Esta obra substitui a estátua que estava originalmente no Observatório e que foi fundida pelos Alemães durante a Ocupação.

La Monnaie

La Monnaie de Paris foi construída durante o reinado de Luís XV. O palácio da Moeda é um museu onde a história das moedas é reconstituída desde as origens até aos nossos dias. Podemos ver aí enormes esboços que serviam para cunhar moedas; ainda se fabricam aqui medalhas.

No pátio do museu encontra-se outro gnómon. Trata-se de uma meridiana vertical em forma de obelisco, como a de Saint-Sulpice. Tem gravados os 12 signos do zodíaco, e a altura total do obelisco é de quase 8 metros. A meridiana foi calculada pelo padre Pingré, que em 1745 deixou a Igreja para se dedicar à sua paixão pela astronomia.

➤ **Hôtel de la Monnaie: 11, quai Conti, 75006. Metro mais próximo: Pont-Neuf. Aberto de terça a sexta-feira, das 11 h às 17 h 30, sábado e domingo das 12 h às 17 h 30. Encerrado à segunda-feira.**

O Panteão e o pêndulo de Foucault

Esta igreja tornou-se a necrópole dos grandes homens de França, para os quais é uma enorme honra ser aqui sepultado. Pode-se visitar o Panteão, tal como o museu que alberga o pêndulo de Foucault, que inspirou um célebre *thriller* a Umberto Eco.

Foucault, cientista notável especialista em óptica, inventou uma máquina que permitia aos ópticos medirem com rigor a focal de uma lente. Foucault queria demonstrar publicamente que a Terra girava. A sua ideia era simples e brilhante: suspendeu o seu pêndulo no centro da cúpula com um fio de aço de 67 metros. Uma pequena ponta na base da esfera roçava num recipiente com areia, deixando um rasto à sua passagem. Foucault demonstrou assim que o pêndulo era estático e que a Terra girava. Como lembra Dan Brown, aqueles que, no passado, combateram as ideias feitas sobre o universo foram queimados como heréticos. Actualmente, e isto desde o século das Luzes, até a Igreja tem o espírito mais aberto face às descobertas científicas.

A ponte dos Saints-Pères

Existem mais de 30 pontes em Paris e cada uma delas tem uma história para contar. É na ponte de Saints-Pères que a polícia intercepta o camião para o qual Sophie atirara o sabonete que continha o GPS de Langdon. Se encontrar esta ponte em Paris, diga-nos, por favor.

Saint-Médard

A igreja de Saint-Médard situa-se ao fundo da rua Mouffetard, animada por um mercado local muito agitado. Esta igreja é dedicada ao santo padroeiro dos fabricantes de chapéus-de-chuva.

No seu pequeno cemitério, reunia-se regularmente uma estranha seita em torno do túmulo de um eclesiástico chamado François Pâris. A notícia de curas miraculosas difundiu-se muito rapidamente e os membros desta seita, os «Convulsionários», entravam em transe, atraindo cada vez mais adeptos que acabavam por ser vítimas de histeria colectiva. O encerramento do cemitério pôs termo a esta situação alarmante e alguém escreveu esta frase na entrada: «*Por ordem do Rei, é proibido a Deus fazer milagres neste local!*»

➤ **Metro mais próximo: Censier-Daubenton**.

A Esfinge e as os seus Grandes Trabalhos

Acerca de François Mitterrand, presidente da República durante 14 anos, de 1981 a 1995, Dan Brown escreve que lhe chamavam a «Esfinge», mas este epíteto só lhe era atribuído em alguns círculos. Não provém apenas da Pirâmide do Louvre, mas também da natureza faraónica dos seus projectos de urbanismo parisiense. Fala-se do seu projecto mais imponente para a capital como os seus «Grandes Trabalhos». Mitterrand mudou a face de Paris no século XX.

Durante os anos 80 e início da década de 90, a metrópole tornou-se um imenso estaleiro, cujas obras se estendiam ao longo do Sena de leste a oeste. Restauraram-se monumentos como o Louvre, outros foram transformados em museu, como a gare d'Orsay, e os bairros periféricos crescem desde Bercy a la Défense.

Mitterand, A Esfinge, era conhecido por ser próximo da Maçonaria e de alguns membros da loja do Grande Oriente. Diz-se que se terá relacionado com o Grão-Mestre contemporâneo do Priorado de Sião, Pierre Plantard de Saint-Clair, e as suas visitas a Rennes-le-Château antes da sua eleição foram anunciadas em França muita publicidade.

OS PRINCIPAIS TRABALHOS DE LESTE A OESTE:

• **Bercy:** o ministério das Finanças e a pitoresca Halle-au-Vin. Para visitar este bairro renovado com gosto, apanhe o metro para Cour Saint-Émilion.

• **O Palácio de Bercy**, de forma piramidal, naturalmente, que pode acolher 17 000 pessoas.

• **A Biblioteca Nacional de França,** cujas quatro torres de 80 metros simbolizam livros abertos. Metro: Quai de la Gare ou Bibliothèque François-Mitterrand.

• **A nova Opéra-Bastille,** Metro: Bastille.

• **O Instituto do Mundo Árabe,** 11, quai Saint-Bernard. O terraço no topo tem um salão de chá com uma vista única sobre Notre-Dame.

• **O Louvre e o seu complexo de pirâmides,** Metro: Palais-Royal-Musée du Louvre.

• **A remodelação completa dos Campos Elísios.**

• **O Grande Arco de la Défense.** Um elevador panorâmico leva-nos ao topo do Arco e a um terraço cujo mosaico, chamado «Carte du Ciel», representa os signos do zodíaco. Bela vista.

Sob o gnómon

A Igreja de Saint-Sulpice (D.R.)

A igreja de Saint-Sulpice, a chave da demanda do Santo Graal

Dois misteriosos Saunière

A igreja está inextricavelmente ligada ao mistério do santo Graal. Um número considerável de factos e indícios atrai os fanáticos de *O Código da Vinci*.

O mistério começa quando Saunière, humilde cura de Rennes-le-Château, encontra, escondidos no pilar do altar da sua igreja, alguns misteriosos documentos codificados, que depois mostra ao bispo de Carcassone.

Este dá-lhe instruções para levar os documentos à igreja de Saint-Sulpice, onde Saunière passa três semanas antes de voltar a Rennes-le-Château. Quando regressa, reparam que ele passou a dispor subitamente de grandes somas de dinheiro, sem que alguém fosse capaz de explicar a proveniência daquela nova fortuna. Saunière começa a renovar totalmente a sua igreja e manda construir, com grandes despesas, uma estrada de acesso. Constrói um palacete, a *Villa Béthanie*, dotado de uma torre fortificada para nela instalar a sua cada vez maior biblioteca. «Béthanie»: nome da Arca ou casa-mãe do Priorado de Sião.

Por cima do pórtico da sua igreja, o abade Saunière mandou inscrever «*Terribilis est locus iste*» («Este lugar é terrível», *Génesis*, 28,17). O outro Saunière, personagem de Dan Brown, é o conservador assassinado do museu do Louvre.

Saint-Sulpice e as sociedades secretas

Uma sociedade secreta, que se suspeita ser o Priorado de Sião, ou Companhia do Santo Sacramento, terá desenvolvido as suas operações a partir de Saint-Sulpice. No final do século XIX, um dos seus prelados, chamado Bieil, manteve alegadamente relações com o abade Saunière.

Bieil é o nome que Brown dá à religiosa guardiã da igreja.

A linha meridiana e o gnómon, que desempenham um papel essencial em *O Código da Vinci*, situam-se no centro da igreja.

➤ **Ver parágrafo «Gnómon» (p. 145) para uma sinopse dos principais acontecimentos.**

O grande mistério de Saint-Sulpice

A construção de Saint-Sulpice, simples igreja paroquial, foi, porém, um projecto muito ambicioso, comparável ao da catedral de Paris. O seu traçado no solo tem apenas menos 17 metros que o de Notre-Dame, e conta com mais 10 metros de largura. As abóbadas de pedra dos dois edifícios são quase idênticas, elevando- -se 35 metros acima da cabeça dos fiéis.

Uma serpente vermelha

Conta-se entre os célebres *dossiers secretoss* que servem de base às teorias desenvolvidas em *O Código da Vinci,* um documento extraordinário conhecido pelo nome de *Serpente Vermelha*, conservado na Biblioteca Nacional de França. Tudo leva a crer que este documento foi redigido por quatro homens, entre os quais Jean Cocteau, que se diz ter sido um dos Grão-Mestres do Priorado de Sião. Além de vários textos enigmáticos, como a *Genealogia dos Merovíngios* e uma série de poemas dedicados aos signos do zodíaco, *A Serpente Vermelha* contém igualmente uma planta da igreja de Saint-Sulpice!

Um dos poemas faz o elogio de Ísis: «*Ísis, rainha de todas as fontes benéficas*». A deusa-mãe egípcia está indissociavelmente associada à história de *O Código da Vinci* [➤ **Ver capítulos «Ísis» (p. 61) e «Louvre» (p. 155).**] Ísis mantém uma relação misteriosa com Saint-Sulpice e Paris em geral.

Segundo este poema, a deusa-mãe não é a Virgem Maria, mas sim Maria Madalena. Este documento sugere a ideia de uma possível maternidade de Maria Madalena. Além disso, no *dossier* há uma *Genealogia dos Merovíngios*. Os fiéis do Priorado de Sião, cujos protectores frequentavam Saint-Sulpice, pensavam que os reis merovíngios eram efectivamente os descendentes directos de Maria Madalena.

Os três homens associados à redacção deste documento foram encontrados enforcados em Março de 1967. Haveria aí uma prova manifesta da vontade de fazer desaparecer o documento e as ideias que veiculava?

Origens antigas e um passado pagão

A história das origens de Saint-Sulpice remete-nos para o século XII, quando se decidiu consagrar esta dependência da abadia de Saint-Germain-des-Près a São Sulpício, que foi bispo de Burges no século VI, na época merovíngia. Alguns pensam que um templo pagão dedicado a Ísis terá sido construído no mesmo sítio da igreja actual e que os fundadores celtas da cidade, os Parisii, foram buscar o seu nome à veneração pela deusa mítica. Na margem esquerda existem muitos vestígios galo-romanos com exemplos de santuários pagãos. Mapas e desenhos ilustram a existência de um tal templo, mas situado provavelmente mais perto de Saint-Germain-des-Près.

Uma fortuna para reconstruir

A igreja actual data parcialmente dos séculos XVII e XVIII. Foi construída quando o bairro adquiriu um carácter mais residencial. Depois de Luís XIV ter mudado a corte para Versalhes, a cidade cresceu para sudoeste. Construíram-se muitas pontes, que atravessavam o Sena para facilitar os acessos. A nobreza erigiu residências na margem esquerda. Ricos benfeitores permitiram reconstruir a igreja. Ana de Áustria, mãe de Luís XIV, lançou a primeira pedra no dia 20 de Fevereiro de 1646.

De onde vinham os fundos?

Há outra explicação para a súbita reconstrução da igreja: outros protagonistas estariam em jogo.

Já se mencionou que a Companhia do Santo Sacramento, sociedade secreta criada pelo Priorado de Sião, fundada pouco antes da reconstrução (1627-1629) fizera de Saint-Sulpice a sede das suas actividades. Entre os homens associados a este grupo figuram o irmão do rei, Gaston d'Orléans, Charles Fouquer, irmão do superintendente das Finanças de Luís XIX, São Vicente de Paulo, bispo d'Alet (cidade próxima de Rennes-le-Château), e, muito surpreendentemente, Jean-Jacques Olier, o fundador do seminário de Saint-Sulpice.

Seis arquitectos em 143 anos

Esta nova igreja nunca foi concluída, mas o audacioso projecto arquitectónico marcou a sua época. A arquitectura parisiense dera um primeiro passo para o classicismo. As obras prosseguiram lentamente, perturbadas pelas insurreições da Fronda, pela guerra e pelas dificuldades financeiras. Num período de 143 anos sucederam-se seis arquitectos.

A reconstrução iniciou-se pela extremidade leste da igreja, no local da capela da Sainte Vierge, e avançou lentamente para a extremidade ocidental. Em 1732 lançou-se um concurso a fim de se encontrar um arquitecto capaz de concluir a igreja e a sua fachada. O projecto de Giovanni Niccolo Servandoni, decorador de teatro italiano, com sólida formação em arquitectura clássica recebida em Florença, foi aceite, mas à data da sua morte, em 1766, a obra ainda não estava terminada. Servandoni morreu numa casa que ele próprio construíra ao lado da igreja, ainda visível no número 6 da praça Saint-Sulpice.

A fachada

A harmonia de proporções entre a fachada, a praça e a fonte (século XIX) impõe-se. A fachada é maciça, imponente, principalmente agora que o frontão triangular, que ocupava originalmente o espaço entre as duas torres, foi demolido. O frontão aligeirava a estrutura, fazia-a parecer menos atarracada do que é actualmente.

O número de ouro

Os arquitectos do passado recorriam a fórmulas misteriosas para alcançar a perfeição das suas concepções. Dan Brown explica e desenvolve duas dessas fórmulas no seu livro: a sequência de Fibonacci e a Secção de Ouro. A sequência de Fibonacci que Saunière escreve no chão do Louvre antes de morrer revela a combinação secreta do seu cofre no banco.

Os matemáticos demonstraram como a sequência de Fibonacci se encontra nas mais belas formas naturais, desde a perfeição geométrica da concha do náutilo até ao alinhamento de espirais adjacentes formadas pelas sementes de uma flor de girassol. A sequência de Fibonacci foi descoberta e utilizada pelo homem tanto na arte como na arquitectura. É infinita no sentido em que cada número é igual à soma dos dois números anteriores. Por exemplo 1 + 1 = 2, 1 + 2 = 3, 2 + 3 = 5, 3 + 5 = 8, sendo a sequência 1, 1, 2, 3, 5, 8 etc. Os incrementos da sequência estão ligados à proporção de ouro. Significa que, para além de 3, a relação entre qualquer par de números é 1,618 ou número de ouro. Esta relação foi descoberta pelo matemático Robert Simson em 1750.

Divinas proporções

Os Antigos concebiam a existência de um número de ouro Phi (escrito Φ em grego) e os modos de o aplicar em arquitectura. Os teóricos do Renascimento acredita-vam no carácter divino do número de ouro, de tal modo

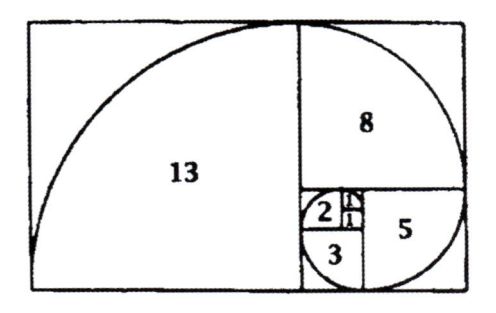

as obras dele resultantes eram equilibradas. Luca Paciola, amigo de Leonardo da Vinci, autor em 1479 de um tratado chamado *De divina proportione*, tende a atribuir ao número uma perfeição cuja origem superaria infinitamente o homem. A proporção produz um rectângulo visualmente perfeito. Podemos verificar esta relação tanto nos objectos que nos rodeiam, naturais ou criados pelo homem, como nas realizações arquitectónicas, como os templos antigos, igrejas clássicas ou construções contemporâneas de arquitectos como, por exemplo, Le Corbusier.

Muitos artistas, incluindo Leonardo da Vinci, compuseram assim as suas obras e Servandoni sabia disso.

Dórico, jónico e coríntio

O projecto de Servandoni para Saint-Sulpice não renega as formas góticas de Notre-Dame, com um pórtico duplo enquadrado por duas torres. Tal como em Notre-Dame, existem três níveis de elevação, três portais e dois campanários. Aqui, os portais da catedral, com as suas altas empenas pontiagudas, são arqueados por abóbadas semicirculares. A rosácea de Notre-Dame torna-se uma *loggia* à italiana ou um balcão que termina numa colunata de arcos triunfais.

A rosa é o símbolo da Virgem Maria, e todas as catedrais que lhe são dedicadas possuem uma. Poderá a ausência de tal referência sugerir que aqui prevaleceria a deusa-mãe Maria Madalena? Este facto concordaria com a história de *O Código da Vinci*.

As enormes torres quadrangulares de Notre-Dame transformam-se em torres circulares encimadas por balaustradas.

Os três níveis da fachada seguem o sistema clássico das ordens arquitectónicas: dórica, jónica e coríntia. As colunas do nível inferior são dóricas, termo grego que significa «rústico». Têm uma forma simples, canelada e ligeiramente afuselada em direcção aos capitéis sobre os quais assenta o entablamento. Este forma uma linha horizontal contínua que atenua visualmente a verticalidade da igreja e harmoniza a proporção entre a altura e a largura do edifício.

A arquitectura clássica tende a criar uma estrutura equilibrada e harmoniosa, em que cada elemento é minuciosamente calculado para desempenhar um papel preciso na concepção do conjunto.

O segundo nível compõe-se de colunas jónicas, também elas caneladas, mas o capitel está ornamentado com espirais enroladas. Originalmente, a *loggia* em arcaria deste nível devia ser vidrada para acolher uma grande biblioteca na igreja.

Dossiers secretos e Saint-Sulpice

Saint-Sulpice possuía, pois, sem qualquer dúvida, uma biblioteca com muitas obras, e pensa-se que a secreta Companhia do Santo Sacramento conservava aí os seus documentos. A confraria iria enfrentar o mesmo destino que os cavaleiros Templários: foi ameaçada de excomunhão pelo bispo de Tours e acusada de práticas ímpias em 1651. Finalmente acusada por Luís XIV em 1665, a Companhia escondeu os seus arquivos num local secreto, que se suspeita ter sido a biblioteca de Saint-Sulpice.

Será que Victor Hugo fornece um indício revelador suplementar da cumplicidade entre a igreja e o Priorado de Sião? Citado como Grão-Mestre entre 1844 e 1885, o seu casamento foi celebrado em Saint-Sulpice. Diz-se também que um Grão-Mestre de Sião, alegado sucessor de Cocteau, terá exercido aí actividades.

Modernismo

A Igreja teve sempre uma relação complexa com os pensadores religiosos e os eruditos. No século XIX, a Bíblia foi lida com o auxílio de instrumentos teóricos modernos. Ernest Renan, autor de *A Vida de Jesus*, foi um dos mais célebres comentadores científicos da Bíblia. A Igreja percebeu finalmente que a Bíblia não resistiria às análises levadas a cabo por esta nova geração de historiadores. Os modernistas foram rapidamente acusados de heréticos, entre eles, Jean-Baptiste Hogan, director do seminário de Saint-Sulpice entre 1852 e 1884.

As duas torres, moradas dos anjos e dos peneireiros

As duas torres (a da direita, ou torre sul, aqui vista de frente, está incompleta) estão decoradas com dois pares de colunas coríntias. A torre inacabada mostra muitos indícios sobre as técnicas de construção dos construtores originais. Notam-se pequenas cavidades que permitiam que os operários prendessem os seus andaimes. Estes vestígios visíveis em muitas igrejas foram por vezes rebocados para alisar o aspecto do edifício. Aqui, tal como em Notre-Dame, as cavidades são ainda visíveis e utilizadas nos trabalhos de manutenção.

Em cada lado da abertura da torre sul há pilastras inacabadas. Nos capitéis, grandes blocos de pedra bruta destinavam-se a ser decorados com folhas de acanto esculpidas. Os pontos minuciosos de talha e escultura eram feitos *in situ* por um artista que trabalhava no alto do seu andaime.

Além de um ninho de peneireiros (falcões de cauda comprida, a ave de rapina mais comum em França), a torre norte alberga também um *atelier* de escultura: o artista que o ocupa esculpe anjos.

O tetragrama

A frente da torre norte está decorada com um tímpano triangular ornamentado com o tetragrama hebraico. É composto por quatro letras – YHWH – que um judeu praticante não deve pronunciar, para evitar qualquer profanação do nome sagrado de Deus.

Em *O Código da Vinci*, Dan Brown afirma que este termo vem de uma união entre o masculino *Jah* e o nome pré-hebraico de Eva, *Havah*. Segundo o autor, para os antigos judeus, Deus tinha um poderoso duplo feminino, *Shekinah*, também conhecida pelos nomes de *Esposa Sabath* ou *Sophia* (*Chokmah* em hebraico), deusa da sabedoria (*sophia* em grego).

Shekinah simboliza a presença divina e o aspecto feminino da Santa Trindade. É utilizada para descrever a manifestação visível da presença divina e, por isso mesmo, refere-se a Deus sem pronunciar o seu nome. O tetragrama sagrado pronuncia-se «*adonai*», que significa «o Senhor», ou simplesmente «*ha shem*», que significa «o Nome». Esta inscrição hebraica é bastante invulgar num edifício cristão.

O tetragrama, que significa «quatro letras», é muito antigo. Aparece nos manuscritos do Mar Morto, que têm mais de 2000 anos. Langdon dá um curso sobre este tema aos seus alunos.

O pórtico

É aqui que Silas bate três vezes no meio da noite para acordar Sandrine Bieil. Silas mata-a com um dos enormes candelabros de ferro forjado que se encontram no altar-mor. Ao entrar na igreja, está convencido de que, em breve, estará na posse do mapa que conduzirá os seus superiores aos locais do segredo, salvando assim a Opus Dei.

O pórtico tem grandes dimensões. Está esculpido no interior com sete painéis em relevo, que representam as três virtudes teológicas (a Fé, a Esperança e a Caridade) e as quatro virtudes cardinais (a Verdade, a Força de Espírito, a Temperança e a Prudência). Estes painéis são obra dos irmãos Slodtz. Há mais obras suas visíveis noutros locais de Paris, nomeadamente na igreja de Saint-Merri.

Uma inscrição pagã
e um banquete sumptuoso

Por cima do portal central, pode-se ler uma inscrição enigmática parcialmente apagada, que data da Revolução Francesa: «*O Povo francês reconhece o Ser supremo e a imortalidade da alma*.» Durante o governo de Robespierre,

as igrejas foram dedicadas ao culto do Ser supremo. Napoleão realizou aqui um banquete para 750 convivas, a fim de celebrar o seu regresso das campanhas egípcias.

No interior da igreja

As janelas

No interior da igreja, no vitral do transepto norte, figuram as iniciais entrelaçadas P e S. A Igreja afirma que se referem a São Pedro e não ao Priorado de Sião.

A cripta

Debaixo da igreja existe uma cripta, onde foram sepultadas cerca de 5000 pessoas entre 1743 e 1793. Uns alçapões enormes, situados atrás do altar-mor no coro, serviam para descer os corpos para esta câmara mortuária subterrânea.

Conta-se que Saint-Just realizava aqui reuniões revolucionárias secretas.

O gnómon

Toda a acção do livro se desenrola em torno do impressionante gnómon ou «indicador», palavra que vem do grego antigo. Este termo designa a haste vertical que projecta a sua sombra sobre um quadrante solar (geralmente empregue para designar o próprio quadrante solar).

O gnómon está situado no transepto do edifício, seguindo um eixo norte-sul, mesmo frente ao altar-mor.

«Assassínio na catedral»

Em *O Código da Vinci*, Silas vai a Saint-Sulpice em busca da «chave de abóbada», que, disseram-lhe, seria um mapa geográfico que conduz ao último tesouro. Silas elimina os Mestres do Priorado de Sião depois de ter a certeza de que as suas informações eram exactas e vai à igreja em busca do tesouro. Sabe que a muito cobiçada «chave de abóbada» se encontra sob a «Linha de Rosa» na base do obelisco de Saint-Sulpice. Mas não sabe que foi enganado.

Sandrine Bieil, guardiã do lugar, sabe que se alguém for ali em busca do tesouro, infiltrando-se assim no círculo mais íntimo dos membros do Priorado, ela deve dar imediatamente o alerta. Silas parte a laje de mármore e descobre uma placa de pedra gravada com uma inscrição enganadora: «*Job 38,11*». Abre então a enorme Bíblia pousada no altar-mor para ler o trecho correspondente e descobre que foi ludibriado: «*Virás até aqui, não irás mais além.*» As consequências são terríveis; depois dos assassínios que cometeu, a preciosa verdade está perdida para sempre! Nesse instante, num ataque de fúria, o monge atinge mortalmente a irmã Bieil com o pesado candelabro quando esta tenta dar o alerta.

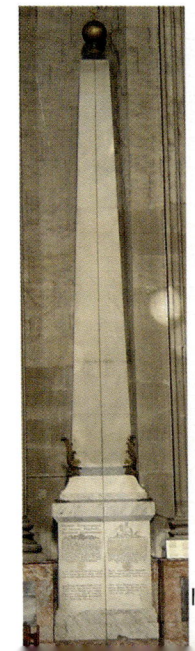

Uma festa móvel

Para o seu romance e, por certo, para acentuar o efeito dramático, Dan Brown descreve o gnómon como o vestígio de um templo pagão antigamente erigido no local.

A utilização do gnómon não é menos teológica e científica. Sendo um quadrante solar de extrema exactidão, era usado para se calcular as datas das festas móveis como a Páscoa. Permite que Le Monnier conclua a sua observação do deslocamento do Sol e estude a obliquidade da eclíptica.

Os cientistas utilizaram muitas vezes as igrejas para concluir os seus trabalhos: o pêndulo de Foucault está na igreja do Panteão, e foi na torre de Saint-Jacques que Pascal aperfeiçoou o seu barómetro.

O gnómon actual foi concebido pelo astrónomo Charles Le Monnier. Em 1743, pediu ao engenheiro-chefe do Louvre, Claude Lannois, que traçasse na igreja uma linha meridiana. A ideia original datava de 1727, quando um parisiense, relojoeiro de profissão, resolvera construir um sistema exacto que permitisse acertar os relógios de Paris.

Podemos ver ainda os vestígios deste primeiro gnómon no interior do transepto sul.

A linha meridiana existente em latão polido é designada por Brown como a «Linha de Rosa», termo que deve o nome à amálgama entre a rosa-dos-ventos e a flor-de-lis apontada para o norte. Os documentos do Priorado de Sião fazem referência a essa linha e os principais sítios mencionados em *O Código da Vinci* situam-se na linha meridiana que vai da igreja de Saint-Sulpice até ao Louvre. Brown associa também a «Linha de Rosa» a «Rosslyn», a fim de levar a caça ao tesouro dos heróis até à capela com o mesmo nome na Escócia: a capela Rosslyn ou capela dos Códigos.

Vamos ver se a rosa...

A rosa é um símbolo de extrema importância. Teabing e Langdon explicam a Sophie como a rosa reforça a ideia de que Maria Madalena concebeu uma linhagem real com Cristo (capítulo 60). As cinco pétalas representam o pentáculo de Vénus, deusa do amor. Ficamos também a saber que a palavra «rosa» se pronuncia da mesma maneira em muitas línguas e que seria o anagrama de Eros. A flor simboliza Maria Madalena, cujas relíquias são efectivamente o Santo Graal, e a «Linha de Rosa» torna-se então o indicador ou a chave que conduz ao local onde está escondido o Santo Segredo (capítulo 47).

Tempus fugit

O gnómon ainda funciona, mas não podemos utilizá--lo correctamente, pois falta-lhe uma parte do sistema

óptico. O quadrante solar é constituído por duas lentes situadas na janela superior do transepto sul e por um obelisco de mármore no lado norte. Os dois pontos estão ligados por uma linha em latão, incrustada no chão da igreja, que define uma verdadeira linha meridiana norte--sul. No braço sul do transepto, uma placa esculpida indica o princípio da linha, que termina no cimo do obelisco. O seu ponto central situa-se mais ou menos frente ao altar--mor, materializado por uma placa oval de latão.

Nos equinócios de Primavera e de Outono, quando o Sol está no zénite e os dias e noites são iguais, a placa de latão ilumina-se precisamente às 12 h. Durante o solstício de inverno, quando o Sol está mais baixo, o raio luminoso projecta-se ao meio-dia sobre o indicador do obelisco. No solstício de Verão, quando o Sol está mais alto, é a placa do chão do transepto que se ilumina.

Originalmente, as janelas do transepto sul, onde estão as duas lentes, eram escurecidas para reduzir a interferência da luz. Os painéis metálicos foram substituídos por vidros em 1866; é por isso que hoje é difícil efectuar uma leitura precisa do gnómon.

Concebido por Servandoni, o obelisco é feito de mármore. Encimado por um globo e uma cruz, mede 10,72 metros de altura. Perto do cimo encontra-se gravado o símbolo astrológico de Capricórnio, que representa o solstício de Inverno de 21 de Dezembro. Em baixo figuram os signos de Sagitário

à esquerda e de Aquário à direita, sem significado místico ou astrológico, antes astronómico. Indicam, respectivamente, onde o Sol está a 21 de Janeiro e a 21 de Novembro.

Mais abaixo figuram imagens e os textos gravados que explicam as utilizações científicas e teológicas do gnómon: à esquerda do soco, uma série de instrumentos científicos entrelaçados; à direita, um cordeiro com uma cruz.

Os instrumentos científicos falam de si mesmos, e o cordeiro evoca o sacrifício cristão. Desde os tempos antigos que este animal encarna o poder regenerador da Primavera, a inocência, a pureza e o aparecimento de uma vida nova. Por isso foi sempre a principal vítima sacrificial: na Páscoa, representa a morte na cruz e o sangue de Cristo. Quando João Baptista viu Cristo, este disse: «*Eis o cordeiro de Deus que retira o pecado do mundo*» (*João*, 1,29.)

No *Apocalipse*, o cordeiro que segura o Livro com os Sete Selos é Cristo Juiz na sua Segunda Vinda. Como um pastor benévolo, Cristo vela pelo seu rebanho e vai em socorro das ovelhas tresmalhadas. Aqui, o cordeiro faz referência ao uso do gnómon pela Igreja para calcular a data da Páscoa que cai no primeiro domingo após a lua cheia seguinte ao equinócio de Primavera. As inscrições foram apagadas durante a Revolução. No entanto, ainda se distinguem estas palavras: «*Quid mihi est in caelo?*» – «*Que devo procurar no céu? [e que posso desejar na Terra senão Vós mesmo, Senhor]?*»

A Capela de Saints-Anges e Delacroix

Terribilis est locus iste

A capela de Saints-Anges, a primeira de uma série que ladeia a ala sul, foi decorada entre 1861 e 1863 por Delacroix, e tem reproduzidas cenas do Antigo Testamento e da Bíblia. As pinturas do tecto mostram S. Miguel (no *Apocalipse* é o principal guerreiro da batalha celeste) a vencer o dragão, provocando a queda do anjo rebelde (*Apocalipse*, 12,7-9). O seu papel essencialmente militar suscita a veneração dos reis e tornou-se o padroeiro dos cavaleiros, dos soldados e dos armeiros. Foi oferecido a Luís XII, fundador da ordem de S. Miguel, um quadro de Rafael (actualmente exposto no Louvre), no qual Delacroix se inspirou para o seu trabalho. A ordem de São Miguel simboliza a união do rei e da Igreja. No *Livro de Daniel*, S. Miguel é o protector de Jacob. Podemos vê-lo aqui, velando sobre o seu protegido.

Na parede da capela figura a história de Jacob, retirada do *Génesis* (25-37 e 42-50). No seu romance intitulado *Nights of Lutetia*, David Shahar está convencido de que o fresco tem um sentido oculto: a imagem simbolizaria o nascimento de Israel.

Quanto ao abade Saunière de Rennes-le-Château, como vimos, inscrevera «*Terribilis est locus iste*» por cima do pórtico da sua igreja: frase retirada do *Génesis* (28,17: «Este lugar é terrível»), pronunciada por Jacob após o sonho da escada. A este lugar, chamou Betel.

Um ladrão cheio de remorsos

Jacob, gémeo de Esaú, com a cumplicidade da mãe apodera-se pela astúcia do direito de precedência do seu irmão. Para escapar à cólera de Esaú, Jacob exila-se durante vários anos. No regresso, é atacado por um desconhecido, que recusa revelar a identidade. Os dois homens combaterão durante toda a noite. Ao amanhecer, o desconhecido, ferido na anca, diz chamar-se Israel. Jacob percebe então que lutou contra Deus.

Na sua pintura, Delacroix chama a nossa atenção para o combate terrível de Jacob: todos os seus músculos estão exagerados, por oposição à serenidade do anjo. A obra

simboliza parcialmente a luta do homem para defender as suas convicções religiosas. Em segundo plano, a floresta é sugerida por uma rápida pincelada leve. Delacroix dá aqui um primeiro passo em direcção ao impressionismo. Em primeiro plano, em baixo à direita, uma pequena natureza morta; diz a lenda que foi pintada em cerca de 20 minutos. Nota-se a grande capa de Jacob, a sua aljava e flechas, bem como o seu chapéu de palha, ainda que estre atributo tenha certamente sido mais usado por Delacroix do que por Jacob.

Um pecador arrependido

Na parede ocidental, o artista pintou a história de Heliodoro, retirada do *Segundo Livro dos Macabeus*.

O pagão Heliodoro, enviado para pilhar o templo, foi morto por um anjo a cavalo. Os cristãos rezam pela sua alma, ele ressuscita, arrepende-se e converte-se ao cristianismo.

Esta obra permite que Delacroix explore maravilhosamente os seus temas favoritos: cores orientais ricas e texturas. As jóias e o cavalo opõem-se ao plano de fundo num movimento quase barroco. Esta cena, característica da exaltação romântica, valeu a celebridade ao artista.

Se a música suavizasse os costumes...

O órgão de Saint-Sulpice goza de grande reputação na Europa. Após o seu restauro, foi inaugurado uma segunda vez em presença de grandes compositores, como Saint-Saens, Cherubini, Rossini e César Franck. Algumas das suas obras mais célebres, incluindo as de Mozart, seguem as proporções do número de ouro. Segundo Brown, Mozart, Beethoven e Gershwin era eminentes maçons.

➤ **Museu Delacroix: 6, rue Furstemberg, 75006. 01 44 41 86 50. Das 9 h 30 às 17 h. Encerrado à terça-feira. Metro: Saint--Germain-des-Près (última residência e atelier do artista).**

Sob as pirâmides

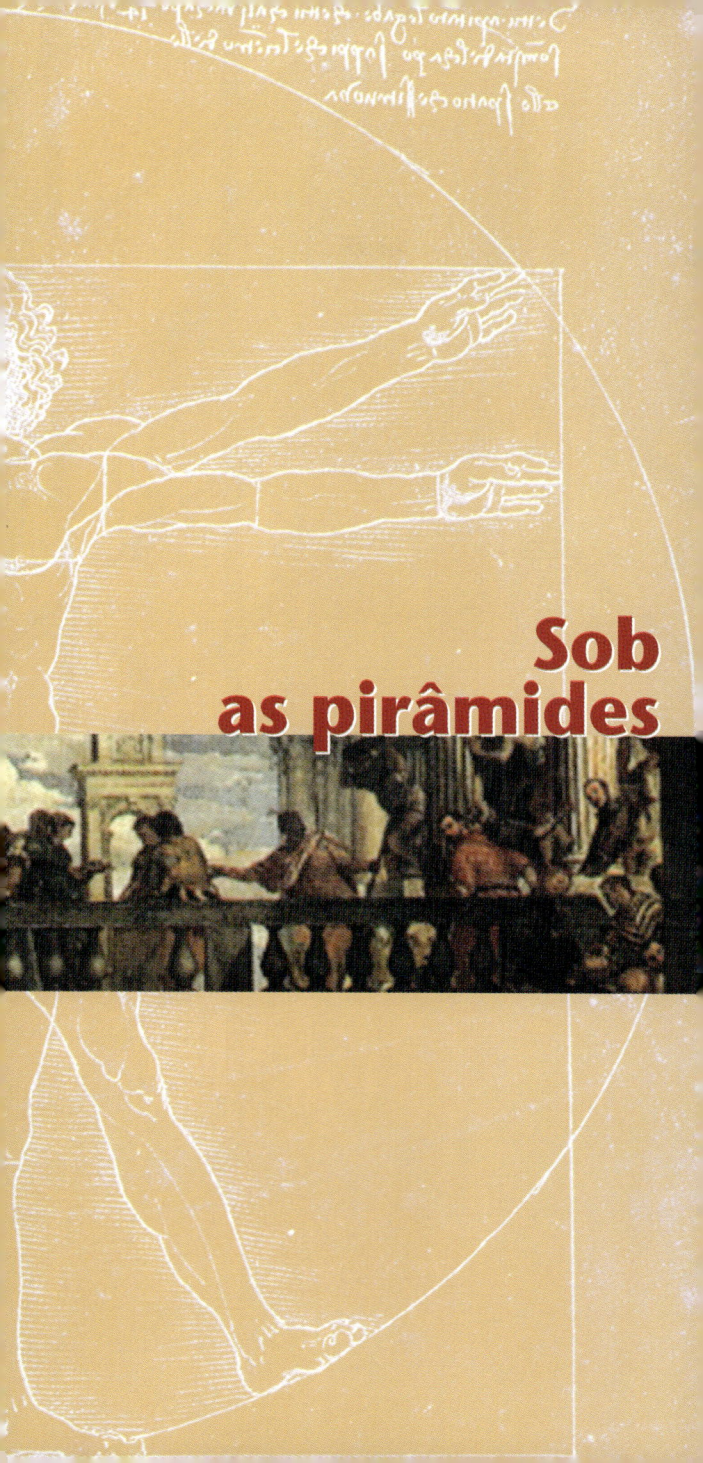

A pirâmide do Louvre

Uma visita guiada ao Louvre
«à *Código da Vinci*»

Partamos numa visita guiada ao Louvre seguindo os passos de O Código da Vinci. É uma oportunidade para apresentar as obras mais emblemáticas do livro, bem como outras, mais inesperadas e apenas mencionadas no romance.

O exterior

Dan Brown sublinha a dimensão imponente do Louvre, um dos maiores museus do mundo desde 1993, labirinto de uma dezena de quilómetros de corredores, constituindo um circuito completo de quatro quilómetros.

Ao longo dos séculos, cada um dos muitos corpos do edifício construídos reflecte a arte e a arquitectura dos diferentes períodos históricos de edificação. A parte mais antiga alberga a deslumbrante sala Quadrada, de estilo renascentista, e a mais recente, a Pirâmide. Os múltiplos estados intermédios são ainda visíveis, sem esquecer o vestígio mais antigo, o castelo medieval.

Apesar da desaprovação de alguns face à recente pirâmide, não será legítimo que o museu, verdadeiro manifesto de arte histórica em si mesmo, possa também ser representativo do período contemporâneo?

O arquitecto Pei escolheu uma pirâmide por várias razões: precisava de introduzir luz no escuro complexo subterrâneo. Esta ideia contribuiu bastante para o sucesso geral do projecto. Enquanto que outros tinham simplesmente proposto ampliar o edifício já originalmente pesado, Pei concebeu um labirinto de galerias subterrâneas, simplificando assim o acesso às salas do museu.

A pirâmide tem um estatuto antigo e fundador no mundo da história da arte. As suas aberturas e estrutura

metálica, chamada «vidraça», recuperam elementos tradicionais muitas vezes empregues na paisagem parisiense. O arquitecto Pei presta-lhes assim homenagem.

Pode-se entrar directamente no Louvre pelo metro,
na estação Palais-Royal-Musée du Louvre, linha 1. Saia
do metro e siga os letreiros que indicam «Musée du
Louvre». Pode aceder directamente à Pirâmide invertida
pelas lojas do Carrousel.

O Posto de Turismo situa-se junto à pirâmide
invertida. À entrada existe também um ponto de
controlo de segurança, onde poderá comprar o seu
ingresso; passará frente a um posto e à loja do museu
do Louvre, onde se vendem reproduções de quadros
e de objectos expostos no museu. Não esqueçamos a
enorme livraria especializada em história de arte. Tem
também à sua disposição bengaleiros e um depósito
de bagagens depois de adquirir o ingresso. A «Carte
museés et monuments» é válida e vale realmente a pena
se visitar vários museus em vários dias. (➤ **Ver Anexos
para mais informações).**

Sob a Pirâmide

O complexo da Pirâmide abriu em 1989, coincidindo com a data do bicentenário da Revolução Francesa. A ala Richelieu, depois de renovada, acrescentou 165 galerias ao museu e oferece uma colecção de cerca de 12 000 obras. Abriu em 1993, para a celebração dos 200 anos do museu.

A Pirâmide do Louvre segue as proporções da de Gizé no Egipto. À forma piramidal sempre se atribuiu poderes mágicos. Diz-se que a comida guardada debaixo de tal objecto conserva-se durante mais tempo, tal como uma navalha nunca se embota nesse local.

Os painéis de vidro foram concebidos pelas fábricas Saint-Gobain, que executaram também os espelhos da célebre Galeria dos Espelhos em Versalhes. São compostos de areia branca pura de Fontainebleau, folheados em França e polidos em Inglaterra. Quantos painéis de vidro existem aqui? 666, o número da Besta, afirma-se no livro, facto que, por certo, é muito oportuno (➤ **ver o capítulo**

«Os Sete Selos» para o simbolismo do número), mas o autor deste guia só contou 603 losangos e 70 triângulos...

A pedra, de cor creme, provém das pedreiras de Comblanchien, na Borgonha. Fabricou-se um betão especial, que deveria casar perfeitamente com a cor da pedra. Foi colocada em caixotões de pinho de Oregon, previamente oleados e encerados, a fim de se obter um material perfeitamente liso, dando ao conjunto o aspecto da madeira.

A partir do complexo da Pirâmide, pode aceder às três alas do Louvre: Richelieu a norte, Sully a leste e Denon a sul. Esta visita propõe um percurso através das alas Sully e Denon, regressando depois ao ponto de partida.

O bilhete de entrada é válido para todo o dia. Pode sair do museu para fazer uma pausa e voltar mais tarde para visitar a ala Richelieu.

É aqui que começa a sua visita...

Atenção, o museu é muitas vezes obrigado a retirar obras de arte por várias razões (manutenção, restauro ou empréstimo). Uma planta do museu ser-lhe-á oferecida no balcão de informações e de recepção debaixo da Pirâmide.

Comece a visita acedendo à ala Sully pela pequena escada rolante. Uma vez lá em cima, passe frente à loja de recordações sob uma pirâmide em miniatura e pelo ponto de controlo de bilhetes. Continue em frente até ao Louvre medieval. Siga até aos fossos. O Louvre original foi construído por Filipe Augusto, em 1180, para defender Paris da invasão inglesa enquanto o rei estava nas cruzadas. As fundações do castelo fortificado medieval foram descobertas e restauradas entre 1984 e 1985. Ladeie os fossos e vire à direita na esquina da torre. Esta apresenta numerosos corações esculpidos, vestígios dos maçons medievais. Continue e passe frente a duas torres à direita. Estas guardam a entrada principal da fortaleza: pode ver os vestígios de uma ponte levadiça ao nível do tecto moderno, que liga o castelo à muralha, à sua direita. Continue em frente, suba as escadas e detenha-se diante da grande esfinge de Tânis.

A esfinge de Tânis

O herói de Dan Brown segue uma trama codificada de símbolos oriundos do mundo antigo. Saunière, o conservador do Louvre, é um grande apreciador desse mundo, especialmente da cruz asada, o *ankh*. Este signo simboliza o sopro da vida. Podemos ver o Ankh a ser mostrado ao nariz de Faros pelos deuses. O nariz era considerado o centro da vida, pelo qual as forças mágicas entravam no corpo. Foi para afirmar a ausência de vida destas poderosas estátuas que, mais tarde, os invasores partiram o nariz da Esfinge.

Descoberta a norte do delta do Nilo, concebida a partir de um único bloco de granito rosa proveniente de Assuão, no Sul do Egipto, a esfinge pesa 28 toneladas. Os Egípcios deslocaram-na manualmente (um homem podia puxar uma tonelada). O museu foi obrigado a fazer uma abertura na parede para colocar a esfinge com 4000 anos, que, neste local, guarda a entrada das colecções egípcias.

Siga pelas escadas à direita.

A Vénus de Milo

Obra emblemática do Louvre, a estátua devia, na verdade, chamar-se Afrodite, pois é grega e não romana. O seu nome vem de Melos, uma das ilhas das Cíclades, onde foi encontrada. *Melos*, Milo em francês, significa «maçã», e pensa-se que ela devia ter uma maçã na mão. A relação entre o Sagrado Feminino e a maçã está claramente explicada em *O Código da Vinci*: «maçã» é a palavra que abre o último críptex.

Calcula-se que a Vénus de Milo date do final do século II, início do século III a.C. Avance pela galeria e observe-a à distância. A sua posição chama-se *contraposto*. A sua cabeça está ligeiramente voltada, a inclinação dos ombros é oposta à das ancas e uma perna está em movimento.

O lado direito do seu corpo forma uma linha recta e o esquerdo uma curva em forma de S.

Esta posição elegante dá vida à estátua e foi incessantemente aplicada pelos artistas ao longo dos tempos. Algumas representações da Virgem Maria não fogem a esta regra. Mais tarde, poderá ver uma Maria Madalena inspirada na estatuária clássica grega.

Continue ao longo da galeria de antiguidades gregas. Vire à esquerda na última sala: a sala 7.

O friso do Pártenon

Ao fundo da galeria, na parede, encontra-se um fragmento de friso proveniente do Pártenon da acrópole de Atenas. O friso constituía uma faixa contínua em redor do cimo do templo e representava uma das celebrações anuais mais importantes em honra de Atena, símbolo

do Sagrado Feminino. Filha de Zeus, deusa da guerra, dotada de múltiplos talentos e padroeira de muitas artes, Atena é geralmente representada em armadura, por vezes com uma coruja ao ombro. A sequência mostra 8 das 360 personagens originais, que avançam solenemente para oferecer à deusa uma túnica tecida.

As dobras no tecido reflectem toda a majestade do acontecimento e a posição elegante e digna de cada uma das personagens sugere um certo cerimonial.

Duas personagens masculinas escoltam a procissão e dão ritmo à cena ao virarem-se para as jovens virgens.

Deixe o friso e atravesse a galeria principal em direcção à sala de baile nº17.

Reproduções romanas de estátuas gregas: Diana e Afrodite

Sala dedicada às reproduções romanas de obras-primas gregas. Muitos bronzes gregos foram reproduzidos em mármore pelos Romanos, que só usavam o bronze para fins militares.

É principalmente a partir destas reproduções que obtivemos os nossos conhecimentos sobre a arte grega. Na época em que o Louvre era ainda um palácio real, esta sala foi palco da celebração do casamento de Francisco II e de Maria, rainha dos Escoceses. No centro, domina a bela Diana, chamada Diana de Versalhes. A deusa da caça, associada à noite, é representada adornada com o seu símbolo: um crescente de lua na cabeleira.

Ao fundo da sala, escondida no ângulo recto, encontra-se Hermafrodito. De costas, vemos a silhueta de uma bela Vénus, mas, de frente, os seus atributos não deixam qualquer dúvida quanto à união mitológica da lâmina e do cálice. A grande almofada sobre a qual dorme foi acrescentada por Le Bernin no século XVII. A náiade Salmacis suplicou para se unir para sempre com o filho de Hermes e de Afrodite, e quando ela o beijou, os seus corpos juntos tornaram-se num só. Hermafrodito: meio-homem, meio-mulher. Um evangelho gnóstico explica que este era o caso de Adão antes de lhe ser retirada a parte feminina, criando a mulher a partir de uma das suas costelas.

Deixe o salão de baile por onde entrou, vire imediatamente à direita e suba a magnífica escadaria que conduz à Vitória Alada.

A Vitória de Samotrácia

A Vitória Alada, uma das obras gregas mais inspiradas e grandiosas, é outra deusa emblemática do Louvre. Os Antigos não hesitavam em utilizar silhuetas femininas para encarnar as suas proezas militares. A escultura, pintada com cores vivas, devia ter os símbolos da vitória em cada uma das mãos, provavelmente uma coroa de louros e/ou uma trombeta.

A Vitória, hoje sem cabeça nem braços, foi descoberta partida em cem bocados. Supõe-se que devia celebrar uma vitória naval (*c.* 200 anos a.C.). O navio em que se ergue faz parte de uma encenação muito teatral: inclinada sobre o alto de uma falésia, a vigiar a entrada de um porto.

A grande escadaria foi especialmente concebida para a Vitória de Samotrácia em 1930. Uma das suas mãos foi encontrada por arqueólogos em 1950, e o seu polegar está exposto no museu Éfeso de Viena.

Suba a escada situada à esquerda da Vitória e vire logo a seguir à direita para aceder à galeria de Apolo.

Os diamantes da coroa

A galeria de Apolo foi recentemente restaurada e alberga colecções de curiosidades e antiguidades que Luís XIV possuía em Versalhes. Encontram-se aqui expostos os diamantes da coroa, que datam dos séculos XVII e XIX. Por outro lado, as jóias da rainha merovíngia Aregonda estão expostas na ala Richelieu, integradas na colecção de objectos de arte.

Deixe a galeria de Apolo e vire à direita. A sexta sala, a 30, é dedicada ao Egipto.

Ísis e os Egípcios

Atravesse a sala na diagonal para a direita, a fim de descobrir as estatuetas magníficas que representam a deusa Ísis (vitrina 2). A teoria que Teabing expõe a Sophie é aqui

perfeitamente ilustrada com uma colecção de pequenas estatuetas de Ísis a amamentar o filho Hórus.

Ísis, o seu irmão-esposo e o filho Hórus, concebido por magia, formam uma trindade mística. A sua história foi narrada pelos Gregos e depois pelos cristãos. Após Osíris ter sido assassinado e cortado em 14 pedaços, Ísis percorreu todo o Nilo e conseguiu encontrar 13 pedaços, que depois reuniu.

Osíris, Ísis e Hórus não constituem apenas uma santa trindade, pois Osíris sofre também o martírio, a morte e a ressurreição.

Ao sair da sala pela entrada, uma estátua de Afrodite mostra-nos a deusa egípcia metamorfoseada pelos Gregos. Na vitrina 10, compare a Afrodite-Ísis com a deusa egípcia sentada à sua direita.

Volte em direcção à Vitória de Samotrácia, passe-lhe pela frente e suba as escadas que dão para as salas 1 e 2.

Botticelli (Grão-Mestre do Priorado de Sião entre 1483 e 1510)

Botticelli significa em italiano «pequena pipa». O verdadeiro nome do artista era Sandro Filipepi. Sete anos mais velho do que Leonardo da Vinci, viveu de 1445 até 1510. A obra exposta na sala 2 é um fresco mural proveniente da *villa* Lemmi, perto de Florença. Foi provavelmente encomendada para celebrar o casamento de Lorenzo Tournabuoni.

Na sala 1, o esposo é apresentado a Vénus e às três Graças. A educação recebida por Lorenzo é ilustrada pelos símbolos do *trivium* e do *quadrivium* (➤ **Ver A catedral de Chartres, p. 187**). Uma mulher, representando a gramática, leva-o ao *trivium*, onde assiste à reunião das artes liberais. Uma vez formado na gramática, avança para os outros temas literários: a dialéctica tem um escorpião, a retórica um rolo de pergaminho.

A reunião é presidida pela filosofia, que segura um arco em forma de serpente. No *quadrivium*, a aritmética ostenta um ábaco, a geometria um esquadro, a astronomia um astrolábio e a música toca um órgão portátil, cujo fole ela maneja com a mão esquerda.

O traço de lápis gracioso é típico da escola florentina. Botticelli soube criar uma atmosfera melancólica. Se compararmos o estilo linear quase límpido de Botticelli com o estilo de Leonardo da Vinci, ficamos impressionados com a autenticidade das telas de Leonardo, com o seu carácter que quase parece estar vivo. As personagens têm uma realidade quase fotográfica e integram-se literalmente na perspectiva do plano de fundo.

Continue até à sala 3 em direcção ao magnífico salão Quadrado. Esta sala contém pinturas italianas antigas. Ao entrar, à sua direita, está *São Francisco Recebendo os Estigmas*, que Giotto pintou em 1290. São Francisco foi o fundador da ordem dos Franciscanos, durante o reinado de Filipe, *o Belo*, pouco antes da queda dos Templários. A simplicidade e austeridade dos Franciscanos eram análogas à Regra adoptada pelos cavaleiros Templários.

Deixe o salão Quadrado pela grande porta e entre na grande galeria onde se inicia a intriga de *O Código da Vinci*.

Em primeiro lugar, admire a perspectiva. Foi aqui, mais ou menos no meio desta imensa galeria, que o reputado conservador Jacques Saunière foi assassinado. Saunière retira um Caravaggio da parede para fazer disparar o alarme do museu, despe a roupa e põe-se na posição do célebre Homem de Vitrúvio de Leonardo da Vinci. Em seguida, desenha um pentáculo na barriga com o seu próprio sangue, indício que leva ao Sagrado Feminino. Para completar o quadro, traça um círculo à volta do seu corpo com tinta invisível, que se pode ver com uma lâmpada de luz negra, e depois escreve uma sequência desordenada de Fibonaci, seguida da inscrição: «Oh Draconian Devil! Oh lame Saint!» O comissário Fache apagou o «PS: Encontar Robert Langdon», para que este não adivinhasse que era o principal suspeito.

Sophie e Langdon decifram o código. O facto de os números da sequência estarem alinhados desor-denadamente é o indício de que as letras da inscrição também o estão. O Homem de Vitrúvio leva-os a pensar em Leonardo da Vinci. Em seguida, decifram o anagrama «Oh Draconian devil! Oh lame saint!», que dá: «Leonardo Da Vinci, the Mona Lisa». Sophie precipita-se em direcção à Mona Lisa (*A Gioconda*), onde descobre outro anagrama: «*So dark the con of man*», que a conduz na pista da *Madonna dos Rochedos*, obra por trás da qual encontra a chave gravada com as iniciais P. S. (outra vez estas letras!). Depois, quando Grouard, o chefe da segurança, se prepara para disparar sobre Langdon, Sophie ameaça furar a tela com o joelho.

A nossa visita continua, mas não na ordem dos acontecimentos do livro, dado que as telas foram e voltarão a ser retiradas.

Prossiga pela Grande Galeria, observe a colecção de telas de Leonardo da Vinci à sua esquerda. Um texto breve descreve estas obras.

Irá ver:

São João Baptista

Pintada entre 1505 e 1508, a personagem de rosto quase andrógino é representativa do tipo de beleza pelo qual da Vinci se interessou durante toda a vida. Alguns viram esta tela como um exemplo da assimilação de João a Adão, antes da separação dos sexos, ou seja, uma nova interpretação do mito de Hermafrodito. Outros comparam o sorriso da personagem ao de um anjo caído. A sua silhueta carnuda distingue-se da imagem habitual de João adulto, geralmente representado mais magro após a sua errância no deserto, e sugere antes um deus pagão.

A Madonna dos Rochedos

Esta tela, que se destinava a ser o grande retábulo da igreja de San Francesco Grande, encomendada pela Confraria da Imaculada Conceição em Milão e executada em 1485, nunca foi entregue. Foi feita uma segunda versão, actualmente exposta na National Gallery de Londres. É possível que a igreja tenha recusado a primeira encomenda devido ao facto de a história ilustrada não ser suficientemente explícita. Com efeito, as personagens

santas não têm auréolas, os anjos não têm asas e São João Baptista, envolto na capa de Maria, poderia facilmente confundir-se com Jesus, tanto mais que não ostenta cruz. A versão exposta na National Gallery contém, em contrapartida, todos os símbolos tradicionalmente necessários. Os historiadores da arte sugeriram que Leonardo foi influenciado por ideias heréticas, particularmente as de Amadeu Mendes da Silva, que colocava João Baptista no Antigo Testamento em vez de Jesus e assimilava Maria a Sofia (a Sabedoria).

A beleza das personagens e a delicadeza da técnica das sombras designada por *sfumato*, aperfeiçoada por Leonardo, conferem às personagens o aspecto de seres humanos verdadeiros. Esta obra foi originalmente pintada sobre madeira e depois transferida para tela. Foi por isso que Sophie ameaçou furá-la com o joelho para salvar Langdon das garras de Grouard.

A Virgem e Santa Ana

Esta obra inacabada ilustra as relações de parentesco entre a Virgem, a sua mãe Santa Ana e o Menino Jesus. Os corpos das duas mulheres quase se fundem; o braço de Maria parece prolongar-se do ombro da mãe. A Virgem tenta agarrar o Menino, que foge dos seus braços em direcção ao cordeiro, símbolo do sacrifício do qual ela não o pode salvar. O maravilhoso rosto de Santa Ana é uma reminiscência da *Gioconda*, tal como a misteriosa paisagem rochosa por detrás das personagens.

La Belle Ferronnière

Obra executada em 1495, este elegante retrato de mulher vai buscar o nome à jóia que lhe ornamenta a testa, atributo de moda na Lombardia desta época. Alguns duvidam que

a obra seja de Leonardo da Vinci, tendo o modelo sido a amante de Ludovico Sforza, patrono do artista, mas a questão permanece em aberto. O seu rosto de oval perfeita é característico do ideal italiano do Renascimento, mas o olhar enigmático que ela lança para a direita, num movimento de rotação em direcção do espectador confere à obra toda a sua profundidade. O reflexo do seu vestido de veludo vermelho, iluminando-lhe as faces, é particularmente impressionante.

Pouco mais à frente na galeria, admire os Caravaggio. Não muito longe está um soberbo retrato de Baldassare Castiglione, de barba comprida e chapéu, pintado por Rafael. O retrato pretende ser uma homenagem a Mona Lisa.

O leitor passará frente a uma tela de Bronzino, *Cristo Aparecendo a Madalena*, em que Cristo vai ver Madalena após a Ressurreição. Maria Madalena foi a primeira pessoa

a quem Cristo apareceu. Madalena tomou-o por um jardineiro. Cristo diz-lhe: «*Noli me tangere*», que significa: «Não me toques... mas vai ver os meus irmãos e diz-lhes que vou ter com o meu Pai.»

Caravaggio: *A Adivinha* e *A Morte da Virgem*

Esta galeria expõe várias telas de Caravaggio. Não sabemos qual delas é que Saunière atira ao chão. Dada a sua própria devoção por Maria Madalena, seria pertinente que fosse *A Morte da Virgem*. No entanto, as dimensões da tela teriam tornado este gesto algo difícil.

A Adivinha é mais uma das obras magníficas do artista. Ilustra um belo jovem que estende a palma da mão a uma cigana. Esta lê-lhe o futuro enquanto lhe rouba o anel.

A Morte da Virgem escandalizou a Igreja porque o artista dera demasiada realismo à cena. Foi acusado de ter usado como modelo uma prostituta morta retirada do Tibre. Nesta época, a Virgem só podia ser representada em poses elegantes, sentada numa nuvem a subir para o Céu.

Caravaggio morreu com 37 anos, após ter levado uma vida muito agitada. Assassinou um homem numa briga e morreu num acto de fúria. Fez grande uso do *chiaro scuro*, «o claro-escuro», onde o contraste entre a luz e a sombra é bastante marcado e reforça o lado dramático das suas obras. Siga até à Mona Lisa.

A Gioconda

Desta obra, pintada num painel de madeira de choupo em 1504, diz-se por vezes que se trata do retrato de Mona Lisa del Giocondo, daí o nome «a Gioconda». Langdon explica que Mona Lisa é o anagrama de «Amon l'Isa», a união divina dos princípios masculino e feminino. Segundo ele, esta seria a razão para o seu sorriso. Esta obra devia ser originalmente o retrato da jovem esposa de del Giocondo, e, Vasari, o biógrafo de Leonardo, escreve que se mandaram vir cantores e músicos para a divertir

BIOGRAFIA DE LEONARDO DA VINCI (1452-1519)

Leonardo da Vinci era filho ilegítimo de um advogado e de uma mulher de vida bastante obscura. Nascido perto de Vinci, passou vários anos à guarda da sua avó, que esteve na origem de muitas especulações sobre a fusão em A Virgem e Santa Ana; Leonardo dizia que, para ele, avó e a mãe eram a mesma coisa.

Ainda criança, teve um sonho em que uma ave de rapina descia sobre o seu berço e lhe abria a boca, agitando as penas da cauda entre os seus lábios. Para ele, este era o sinal de que a natureza queria falar aos homens pela sua boca. Leonardo nunca esqueceu este sonho. Em *A Virgem e Santa Ana*, Freud viu a silhueta da ave de rapina no vestido da Virgem. No início da sua carreira de artista, da Vinci foi aprendiz de Verrocchio, em Florença, que era fascinado pela matemática, alquimia e magia. A sua oficina era o centro das ideias mais modernas da época.

Extremamente belo e cortês, Leonardo era uma personagem solitária, algo efeminado, que dificilmente concluía os seus projectos e quadros. Passava de um projecto para outro, interessava-se bastante por tudo e notabilizava-se em vários domínios. Tal como muitos nesta época, era fascinado pelos sistemas de irrigação, pela hidráulica, pelas máquinas de guerra e foi também um músico apreciado. Escreveu longos ensaios teóricos sobre a arte.

Canhoto, atraído por charadas e enigmas, escreveu muitas notas sobre um documento a que chamava a sua «escrita-espelho».

Soube representar e criar personagens magníficas, conseguindo encarnar a própria essência da espiritualidade feminina.

É o mestre do estilo *sfumato* (modelado vaporoso) de contornos ligeiros, em que o sujeito, banhado por uma luz suave, se funde no seu ambiente.

Leonardo esteve ao serviço de vários patronos, como Lourenço, o Magnífico, em Florença, ou Ludovico Sforza, em Milão. Pouco antes de morrer, Francisco I convidou-o para trabalhar em França.

O rei de França ofereceu-lhe um solar e uma pensão para que pudesse viver confortavelmente na cidade real de Amboise, no vale do Loire. Nada se lhe pediu em troca para além do prazer da sua conversa. Morreu e foi sepultado em Amboise em 1519. *A Gioconda* parece ter sido uma das suas obras preferidas, da qual não se quis separar ao longo da vida.

enquanto posava, a fim de tornar a sua expressão menos melancólica. No entanto, apesar destes pormenores, parece que se trata do retrato de um ideal e não de uma pessoa em particular. A estrutura piramidal da composição acentua-lhe a testa, sede do intelecto. A simplicidade da sua túnica e o cabelo caindo sobre um leve véu conferem à personagem uma atracção intemporal, despertando a imaginação. Há aqui um forte contraste com os retratos da época, que indicavam o estatuto da personagem através de aparatos da última moda. O sorriso da Gioconda, de extrema delicadeza, evoca a meditação interior.

No plano de fundo, distingue-se uma misteriosa paisagem rochosa com um caminho que representa a viagem da alma, no meio de um grande espaço completamente selvagem.

Como Langdon sublinha, o horizonte parece ser diferente à esquerda e à direita da personagem. Existem múltiplas interpretações para tal pormenor. Os traços de pincel são tão finos que nem se vêem.

Depois de ter admirado a Mona Lisa, dirija-se à galeria das Pinturas Francesas de grande formato, onde se encontram expostas algumas das obras mais célebres do século XIX, como *A Jangada da Medusa*, de Géricault, e a *Liberdade Conduzindo o Povo*, de Delacroix. Continue até às *Bodas de Canaã*.

As Bodas de Canaã

As Bodas de Canaã, de Véronèse, é a maior tela do Louvre. Segundo a teoria defendida em *O Código da Vinci*, trata-se do casamento de Cristo com Maria Madalena. Nesta versão, Cristo e a Virgem Maria (a sogra de Maria Madalena?!) estão sentados no centro da tela. Os noivos estão presentes (encontre-os, se o conseguir, no meio da multidão).

A tela foi encomendada pelos beneditinos de San Georgio em Veneza para decorar o seu refeitório. Imaginamos os monges a contentarem-se com a sua magra refeição por baixo do sumptuoso banquete que domina a parede. A obra foi entregue em 1563. Imortaliza o primeiro milagre de Cristo, quando transforma a água em vinho.

As 132 personagens foram pintadas em menos de um ano. A cena é rica em metáforas religiosas. A balaustrada horizontal separa a esfera terrestre da celeste. Entre os balaústres, por cima da cabeça de Cristo, encontra-se uma garrafa de peregrino, que simboliza a água que Cristo transformou em vinho, bem como um cordeiro a ser trinchado, representando Cristo como o cordeiro sacrificial na época do seu primeiro milagre. Por baixo de Cristo, uma ampulheta quase vazia. Imagem do Santo Graal? No primeiro plano, em baixo, dois cães roem um osso, símbolo da morte. Os dois animais estão acorrentados um ao outro; um deseja afastar-se sem o conseguir (alegoria do casamento).

No alto, à direita, uma mão lança cravos lá de cima. Esta flor, *carnation* em inglês, remete para a encarnação.

Na cena, há muitos cães, um dos quais, nos céus, observa Cristo. Os canídeos eram utilizados com frequência para simbolizar a lealdade e a fidelidade, imagens adequadas a uma cena de casamento. Atribui-se-lhes também a imagem de criaturas a que atiramos comida

terrestre, por oposição aos alimentos espirituais oferecidos por Cristo.

Diz-se que o tocador de viola é o auto-retrato de Véronèse, e que o mestre de cerimónias que serve bebida é o seu irmão Benedetto.

Supõe-se que outros pintores estejam representados, como Ticiano, que toca contrabaixo, Tintoretto no violino e Bassano na flauta.

Regresse ao fundo da galeria dos grandes formatos, desça as escadas Mollien, vire à direita e volte a descer até à «sobreloja», em direcção às esculturas italianas dos séculos XVI e XVII. Siga as indicações: esculturas do Norte da Europa , sala C.

Santa Maria Madalena

À entrada da sala C encontra-se a magnífica escultura em madeira de Maria Madalena, esculpida por Erhart. É apresentada nua, em fim de vida, quando vivia como eremita arrependida, coberta apenas com o seu cabelo comprido. Nas costas da estátua, uma pequena porta esconde um pequeno receptáculo.

Na parede, no fundo, há dois retábulos de madeira esculpida. O mais pequeno, à direita, ilustra os episódios da vida de Maria Madalena, o maior mostra a cena da Crucificação, com Maria Madalena junto da cruz com os unguentos.

Regresse à sala 3, vire à direita e passe pelas esculturas italianas e espanholas. Ao sair, encontra à sua frente um magnífico tetramorfo primitivo italiano. Desça as escadas, atravesse o átrio e volte a subir em direcção à galeria da Grécia pré-clássica.

Sala 1: a Grécia pré-clássica

Observe alguns dos ídolos antigos, em especial o «Sino».

Atravesse a galeria até à sala 3, vire à direita e dirija-se à sala B. Siga a indicação em baixo das escadas, «sala C».

Esta sala, um antigo anfiteatro da Escola do Louve, foi renovada para albergar a generosa oferta do Egipto: os fragmentos do mosteiro de Bauit. No meio da sala está uma maqueta do mosteiro em escala reduzida.

Muitos arqueólogos franceses participaram nas escavações deste sítio, erigido entre o século IV e o século XII.

A igreja cristã do Egipto, chamada copta, baseia-se nos ensinamentos de S. Marcos, que difundiu o cristianismo no Egipto no século I d.C.

Os manuscritos de Nag Hammadi, descobertos no Alto Egipto em 1945, estão compilados e redigidos em língua copta, ainda falada pelos cristãos no Egipto. Estes livros são os Evangelhos gnósticos.

Os manuscritos do mar Morto, redigidos em hebraico e aramaico, foram coligidos pela seita asceta dos Essénios, que viveram na época de Jesus e de João Baptista.

O símbolo da Igreja copta é a cruz asada (*crux ansata*), que vem do *ankh* egípcio (➤ **Ver Símbolos**). No início da era cristã, o paganismo era ainda muito forte e, na sala B, uma pequena vitrina sobre magia apresenta sortilégios manuscritos e encantamentos, bem como amuletos e estatuetas com agulhas espetadas, como as bonecas do vudu.

Atravesse novamente a galeria da Grécia pré-clássica e regresse à Pirâmide. A visita pode terminar aqui. Se desejar ver a Pirâmide Invertida, saia da Pirâmide seguindo a indicação do metro.

Se quiser visitar a ala Richelieu, eis dois quadros que ilustram temáticas importantes do livro *O Enigma Sagrado*.

Nicolas Poussin

Et in Arcadia ego, 1640 (*Os Pastores de Arcádia*)

É certamente a obra mais conhecida de Poussin. Na terra idílica de Arcádia, um grupo de pastores e uma mulher vestida em trajes clássicos descobrem um túmulo e lêem a sua inscrição: «*et in Arcadia ego*», que significa: «mesmo na Arcádia, eu existo» (este «eu» é a «morte»). Um dos pastores ajoelha-se ao lado do túmulo e segue a inscrição com o dedo. Esta lembra-lhe que a morte está presente até naquilo que parece ser o paraíso. O homem e a mulher à direita conversam, enquanto que o homem da esquerda está absorto em meditação.

Esta tela alegórica transmite a mesma mensagem que uma vaidade, sublinhando a qualidade efémera da vida humana, como a sombra do pastor que está a ler a inscrição.

Não há nenhuma moral. A obra tem um perfume de poema elegíaco e a sua finalidade é suscitar a reflexão sobre a fragilidade humana. Muitas obras que tratam este tema representam Maria Madalena a meditar ao lado de um crânio ou de uma lamparina

de azeite, símbolo de penitência. No Louvre pode-se visitar também uma obra de Georges de La Tour sobre este tema (*Madalena Arrependida*, sala 30, ala Richelieu).

Os misteriosos manuscritos encontrados por Saunière em Rennes-le-Château fazem referência a pastores e a Poussin. Os autores de *O Enigma Sagrado* descobriram que a paisagem da tela dos *Pastores de Arcádia* com o túmulo existe realmente em Arques, perto de Rennes-le-Château. Tudo leva a crer que a pintura é a chave dos documentos cifrados de Saunière.

Auto-retrato de Poussin (1650)

Esta obra sensível apresenta Poussin em trajes de filósofo, cabelo desalinhado e olhar inquieto. Está rodeado de quadros parcialmente tapados e segura um portfólio dos seus desenhos.

Pode-se comparar esta tela a outros auto-retratos em que os artistas são glorificados e se apresentam rodeados de atributos da sua arte, como que para sublinharem o sucesso intelectual.

Poussin mostra aqui apenas um pormenor do seu trabalho, destacado por razões simbólicas: uma mulher, de perfil, usa uma touca decorada com um olho. Simboliza a arte de pintar, e os dois braços estendidos sobre os ombros da mulher podem representar Poussin a abraçar a sua profissão, ou a sua amizade por quem encomendou a tela.

Poussin tem um anel com um diamante cinzelado em forma de pirâmide de quatro lados: símbolo frequente de uma constância estóica.

O palacete de Villette e outros locais

O palacete de Villette

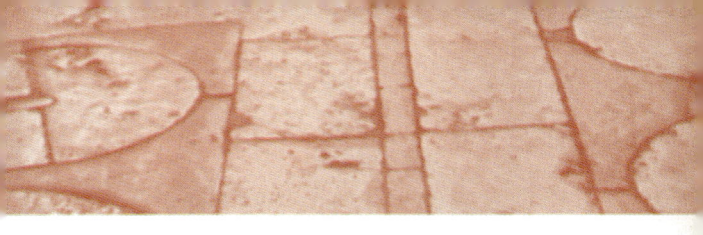

O PALACETE DE VILLETTE é uma propriedade magnífica situada perto de Paris, e que serve de residência a Leigh Teabing. O historiador conseguiu recriar uma pequena Inglaterra no recinto do seu palacete francês para aí ter uma vida de sonho de expatriado. O verdadeiro palacete de Villette situa-se perto de Pontoise, no meio do campo impressionista. Foi construído pelo brilhante arquitecto François Mansart para o conde de Aufflay, embaixador de Luís XIV em Itália. Mansart está na origem de muitos palacetes particulares e de algumas das casas mais magníficas de Paris, incluindo a sua, que se pode ver no número 5 da rua Payenne, no Marais. Este edifício extraordinário tornou-se o quartel-general do estranho «culto dos positivistas». É aliás o único ponto de encontro de positivistas em França, onde se situa também a sua «capela da humanidade». Não se venera aqui qualquer ser supremo; em contrapartida, reflecte-se sobre grandes homens do passado, como Dante, Shakespeare, Descartes, Homero, Aristóteles e César. A sua palavra de ordem é a seguinte: «O amor como princípio, a ordem como base, o progresso como fim» – inscrição gravada na fachada do edifício que Mansart concebeu em 1622. É também conhecido pela magnífica cúpula do oratório do Val-de-Grâce em Paris.

A construção do palacete de Villette foi concluída em 1696 por Jules Hardouin Mansart, sobrinho-neto do primeiro arquitecto, a quem se deve também o palácio de Versalhes construído para o Rei-Sol. Os jardins do palacete de Villette são característicos do estilo francês criado por Le Nôtre. Além dos deslumbrantes lagos, contêm um obelisco e um par de esfinges.

Celebridades no palacete de Villette

No século XVIII, Marie-Louise Sophie, filha do marquês de Grouchy, casou com Condorcet na capela do palacete. Teórico e político de ideias notavelmente modernas, Condorcet era um revolucionário moderado e defendia o direito de voto das mulheres. La Fayette, seu amigo íntimo, foi testemunha do casamento. Conta-se que, no palacete, Marie-Louise Sophie e La Fayette se apaixonaram ao primeiro olhar, mas que La Fayette, incapaz de deslealdade para com o amigo, deixou a França, de coração despedaçado, e foi para a América! Parece que a deslumbrante Sophie não perdeu tempo a substituí-lo! Condorcet e La Fayette eram ambos maçons e realizavam reuniões frequentes no palacete. Durante a Revolução, Condorcet, fervoroso defensor da educação livre para todos e redactor dos artigos de economia política da *Enciclopédia*, preferiu acabar com os seus dias do que ir para o cadafalso.

O palacete não é estranho ao grande ecrã. Muitos filmes foram aí rodados, especialmente *O Conde de Monte Cristo*, com Gérard Depardieu, e *Le Libertin*, com Fanny Ardant. É muito provável que um recente *best--seller* americano seja também filmado nestes locais.

Hoje propriedade privada, o palacete foi maravilhosamente restaurado e remodelado. Podem-se fazer visitas, celebrar casamentos e realizar conferências. A proprietária actual, Olivia Hsu Decker, organiza mesmo férias «especial Código da Vinci», compostas por uma estadia de luxo no castelo, onde se propõe conforto e gastronomia.

➤ **Para mais informações e reservas, contactar:**
  Andrew Ryan 06 64 81 12 48 (contacto local),
  ou andrew.ryan@laposte.net
  E-mail: villette@frenchvacation.com
  Tel.: +001(415) 435 1600
  Fax: +001 (415) 383 1258

Outras curiosidades locais

A perna mumificada de Maria de Médicis!

O museu Tavet expõe uma colecção ecléctica. As suas galerias percorrem a história local até à arte moderna, mas no centro do seu espólio encontra-se a perna mumificada de Maria de Médicis. Esta relíquia foi salva da destruição revolucionária dos túmulos reais em Saint-Denis e adquirida por Tavet. Historiador e erudito, foi o fundador do museu e o seu principal legatário.

Quando morreu, em 1892, a sua colecção pessoal foi doada ao museu, nomeadamente a perna da rainha. Esta frágil relíquia não está exposta.

➤ **Musée Tavet-Delacour, 4, rue Lemercier, 95000 Pontoise.**
  Aberto de quarta-feira a domingo, das 10 h às 12 h 30 e das 13 h 30 às 18 h.

Écouen

Perto de Paris encontra-se o belo palácio renascentista de Écouen. Foi construído pelo condestável, marechal do exército do rei, Anne de Montmorency. As colecções que o castelo alberga são fascinantes e incluem, em especial, um conjunto de tapeçarias do século XVI que ilustram a história de David e Betsabé. Antigamente, *Os Escravos*, de Miguel Ângelo, decorava a fachada do pátio interior.

O palácio expõe frescos esplêndidos e toda uma colecção de objectos e mobiliário de estilo Renascença. A obra mais extraordinária é a réplica de *A Última Ceia*, de Leonardo da Vinci, situada na capela. Embora seja uma mera reprodução, esta tela é de valor inestimável, pois é a melhor representação contemporânea da obra original de Leonardo.

Teabing interpreta *A Última Ceia*

Depois de ter explicado a Sophie que o Santo Graal é, na verdade, Maria Madalena, Teabing fundamenta a sua teoria em alguns pormenores do quadro.

Cada discípulo tem uma taça de vinho própia – o cálice ou taça, como se escreve na Bíblia, não é passado entre os convivas. A personagem sentada à direita de Cristo é analisada como sendo uma mulher: «Os cabelos compridos, as mãos pequenas e finas, o peito ligeiramente arredondado, a curva graciosa do pescoço... Era certamente uma mulher! Maria Madalena!» As duas personagens centrais usam roupas de cores inversas, que representam o *yin* e o *yang*, complementaridade entre o masculino e o feminino. Estão ligeiramente afastados entre si, e o espaço que os separa forma um V, símbolo do cálice ou do Sagrado Feminino. Se considerarmos as personagens como elementos da composição do quadro, desenham um M bem traçado, o M de Maria Madalena, o Graal presente em filigrana. Teabing explica que Cristo confiara a Maria Madalena as suas instruções sobre o modo de conduzir a Igreja após a sua morte, e fundamenta este argumento ao mostrar o gesto ameaçador de São Pedro debruçado sobre a jovem. Indica também uma mão que surge de lado nenhum e que segura um punhal. O palácio de Écouen é acessível de comboio, que se apanha em Paris, gare do Norte. O trajecto até à estação de Écouen-Ézaniville demora cerca de 25 minutos. É preciso contar com meia-hora de caminho desde a estação até ao palácio. O museu do palácio encerra à terça-feira.

Le Bourget

É neste local que Teabing guarda o seu jacto privado e de onde se evade brilhantemente com um Silas amarrado e amordaçado no fundo do aparelho. E é dentro do jacto que tenta abrir o criptex pela primeira vez.

Le Bourger foi outrora o lugar mágico onde «esses maravilhosos homens nas suas máquinas esquisitas» iam experimentar os motores. Nos anos 30, os membros ricos do *jet-set* voavam para Paris e aterravam no aeródromo de Bourget. A idade de ouro do romance já passou e Bourget encontra-se agora no meio de um subúrbio parisiense que continua a crescer. Alberga o museu do Ar e do Espaço e o seu horizonte é dominado pelo foguetão Ariane. Pode-se visitar aqui o avião supersónico franco--inglês *Concorde*.

Lindberg

No dia 21 de Maio de 1921, Lindberg aterrou em Bourget às 22h22. Ao fim de 33 horas e meia de voo, concluiu a primeira travessia aérea do Atlântico. Esta proeza suscitou o apreço dos Parisienses, e mais de 100 000 pessoas foram esperá-lo à chegada. Os Franceses recompensaram o seu incrível feito atribuindo-lhe a prestigiosa medalha da Legião de Honra (➤ **Ver Embaixada Americana**).

Se desejar visitar Paris no espírito de Sophie e Langdon, contacte a Paris Hélicoptère, partida de Bourget todos os domingos. Voo sobre de Paris de 25 minutos: 01 48 35 90 44, ou tente a Montgolfière Aventures para uma visita menos barulhenta, mas com uma aterragem mais agitada, pelo 01 40 47 61 04.

Chartres

Chartres situa-se a menos de uma centena de quilómetros a sudoeste de Paris e é acessível de comboio a partir da gare Montparnasse; o trajecto leva cerca de uma hora. Langdon fora a Paris para dar uma conferência sobre o simbolismo pagão na catedral de Chartres.

Originalmente, esta catedral era um santuário pagão e, como muitos dos seus contemporâneos, foi construída sobre um antigo poço sagrado. A cidade e o seu edifício têm muito que ver e vale mesmo a pena dedicar-lhe o dia. A catedral, tal como a cidade medieval, é magnífica. A cidade, muito animada, está repleta de cafés e restaurantes. As especialidades locais são os Mentchikoff, uma trufa coberta de merengue, vendida em belas caixas ilustradas com a catedral.

Catedral de Chartres

Ao chegar a Chartres, dirija-se directamente ao posto de turismo, situado ao lado da catedral, e peça um mapa. Este mapa, grátis, inclui um itinerário completo da antiga cidade. Pode também obter auscultadores que comentarão a sua visita. Peça o programa de visitas.

Uma visita guiada para pagãos e cristãos

As lendas, os mitos e o ensino fizeram a história de Chartres, tal como a conhecemos hoje. Este lugar santo tem origens pagãs e a primeira igreja foi construída sobre um poço pagão. Conta-se que alguns druidas pré-cristãos praticavam aí o culto de uma virgem.

Existem provas de que foi destruída e reconstruída uma igreja neste local no início do ano 743. Em finais do século VIII, Pepino, *o Breve* (o Merovíngio «curto sobre patas», de Dan Brown), doou uma relíquia à igreja de Marie de Chartres. Neste século, a cidade e a igreja foram saqueadas. Construiu-se uma nova igreja, consagrada em 876, e foi nesta época que Chartres adquiriu a preciosa Santa Túnica, a «Sancta Camisia». Diz-se que esta peça de roupa exposta na igreja foi usada pela Virgem Santa quando deu à luz Cristo. Na época em que o culto da Virgem se difundia na Europa, esta relíquia representava não só um bem inestimável, capaz de gerar rendimentos à Igreja, mas também uma protecção para a cidade. Quando o viking Rollon cercou Chartres, exibiram-lhe o sudário. Rollon fugiu com os seus homens, converteu-se ao cristianismo e fez a paz. Foram estes homens que, mais tarde, viriam a ser os construtores das grandes abadias normandas, dando o seu nome ao estilo da arquitectura normanda.

Ao longos dos séculos X e XI, Chartres tornou-se um centro de ensino activo e extremamente importante, e assim permaneceu até à fundação da Sorbona, em Paris. O neoplatónico Bernardo de Chartres foi um dos eruditos mais célebres do início do século XII. Descrevia os estudiosos desta época como «anões aos ombros de gigantes», sendo os gigantes os filósofos do Mundo Antigo. A decoração da fachada é disso testemunha.

A educação estava dividida em sete artes liberais, por sua vez divididas em dois subgrupos, chamados o *trivium* (três ramos) e o *quadrivium* (quatro ramos). O espírito era esclarecido pelo *quadrivium* (matemática, geometria, astronomia e música) e exprimia-se através do *trivium* (gramática, retórica e dialéctica). Todas estas disciplinas estão representadas no pórtico real da catedral. Este, construído entre 1145 e 1155, está dividido em três e contêm as estátuas mais antigas de Chartres.

O pórtico central

O tímpano apresenta Cristo a ensinar dentro de uma auréola em forma de amêndoa rodeada por um tetramorfo (**➤ Ver Glossário**). O tetramorfo representa os quatro evangelistas que difundem os ensinamentos de Cristo. O gesto que Cristo faz com a mão direita significa que está a falar. A Bíblia que tem na mão direita simboliza que está a pregar.

O pórtico da direita

O tímpano representa o Menino Jesus com a Virgem Maria. O lintel ilustra a apresentação ao Templo e, em baixo, a Natividade. Um pastor vestido em trajes medievais toca flauta de pã enquanto guarda o seu rebanho de carneiros arcaicos.

Duas abóbadas em arco com nervuras rodeiam o tímpano, cujos baixos-relevos representam o *trivium* e

o *quadrivium*. Na base da abóbada interior encontra-se Pitágoras sob o qual tocam sinos e, depois, Donato, encimado pela Gramática, que ensina a sua lição a uns rapazes com uma chibata de bétula. Na extremidade esquerda do arco da abóbada exterior encontra-se Aristóteles.

Por cima dos capitéis em baixo-relevo, enrolados à volta de um contraforte, entre o pórtico do centro e o da direita, existe uma deslumbrante ilustração da *Última Ceia* e, à sua direita, do *Beijo de Judas*.

Pórtico da esquerda

O tímpano é consagrado à Ascensão de Cristo. Por baixo, uma série de anjos que voam. Nas abóbadas em arco figuram os trabalhos dos meses e os signos do zodíaco que circundam todo o pórtico. Começam na ponta esquerda. As searas em Julho, em baixo à esquerda, são o signo de Caranguejo e, em baixo à direita, um homem cheira as flores da Primavera sob o signo de Carneiro.

Pórtico sul

Situado no flanco esquerdo, podemos ver um baixo-relevo que representa os cavaleiros medievais a decapitarem Thomas Becket.

O poço sagrado

Situado na cripta, este poço tem 33 metros de profundidade. Data, sem dúvida, da época galo-romana.

Ísis e o culto das virgens negras

Havia duas virgens negras em Chartres, mas só uma sobreviveu. Com efeito, a Nossa Senhora da Cripta foi destruída durante a Revolução, mas a Nossa Senhora do Pilar encontra-se na capela no cruzamento do coro com o transepto norte. A estátua de madeira de pereira data provavelmente do século XVI. Podemos ver muitas estátuas deste género no Sul de França, cujas origens são ainda desconhecidas. No entanto, diz-se que estas virgens descenderiam do culto de Ísis. A auréola em forma de coroa de estrelas e a associação com a água vêm da iconografia de Ísis.

O burro que espreita no lado exterior sul da catedral

Escultura de um burro a tocar realejo.

Um antigo labirinto

No interior da catedral há um misterioso labirinto. Existiam outros como este em muitas catedrais, como Sens, Amiens, Arras e Reims, mas foram retirados por serem considerados demasiado pagãos. Este labirinto descreve o trajecto mais longo possível no espaço mais curto possível. A linha tem várias centenas de metros de comprimento e os peregrinos que aqui faziam escala no caminho para Compostela percorriam o

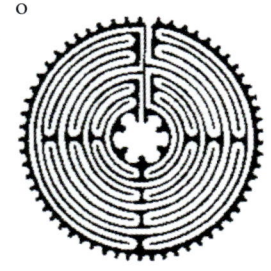

labirinto de joelhos recitando orações. Demorava uma hora a fazer o percurso. Era também referido como «a estrada de Jerusalém», mas, para o pagãos, era o percurso da vida que leva à morte, enquanto que, para os cristãos, o fim do percurso era recompensado com o paraíso.

Corporações e assinaturas secretas

Em Chartres, cada vitral foi oferecido por uma corporação local, que apunha a sua assinatura por baixo. Estas são facilmente visíveis. O vitral de Maria Madalena (o segundo no lado sul da ala) foi oferecido pelos aguadeiros, que podemos ver nos cantos inferiores esquerdo e direito do vitral. Os aguadeiros têm uma afinidade com Maria Madalena por esta ter lavado os pés de Cristo. O vitral do Bom Samaritano (o terceiro na ala sul) foi oferecido por sapateiros. Estes estão ilustrados na sua oficina nos três painéis inferiores do vitral. Os sapateiros de Chartres fizeram fortuna graças aos peregrinos que chegavam a pé e compravam calçado. Caminhe à volta da igreja em direcção à ala norte, começando pelo primeiro vitral mais próximo

da fachada: tanoeiros, carpinteiros e segeiros. Segundo
vitral: vendedores de vinho. Terceiro vitral: vendedores de
tapeçarias e peleiros. Quarto vitral: banqueiros. Quinto
vitral: retroseiros e boticários. Sexto vitral: ferreiros!

Nossa Senhora do belo vitral

A célebre Virgem Azul de Chartres está situada
no primeiro vitral do lado sul, após o cruzamento do
transepto. Provém de uma antiga igreja que ardeu
totalmente em 1194, salvando-se apenas o vitral, que é
por isso considerado miraculoso. Era apresentado como

uma relíquia religiosa, tal como a *Sancta Camisia*, a fim de obterem fundos para a reconstrução. A *Sancta Camisia* é visível no fundo da igreja (➤ **ver fotografia p. 16**).

O vitral astrológico está ao lado da Virgem Azul

Este vitral foi oferecido por dois doadores: os viticultores e o conde Thibault de Champagne. Os signos do zodíaco estão representados nos medalhões à direita e os trabalhos dos meses correspondentes situam-se à esquerda. Cada um dos medalhões centrais apresenta um signo e um trabalho sazonal. Janeiro é ilustrado por três cabeças que olham para o passado, presente e futuro. Os vitrais da fachada oeste, situados debaixo da rosácea principal, representam, da esquerda para a direita, a árvore de Jessé, a Encarnação, a Paixão e a Ressurreição. A rosácea oeste relata a história do Juízo Final. É possível ir ao topo da catedral para desfrutar de uma vista soberba sobre os telhados da cidade e as planícies de Beauce.

Rennes-le-Château

No centro do mistério em que se baseia *O Código da Vinci* encontra-se a antiga aldeia fortificada de Rennes-le--Château. A história do abade Saunière e da sua misteriosa descoberta é contada pormenorizadamente em *O Enigma Sagrado*, de Baigent, Leigh e Lincoln, obra indispensável para qualquer interessado pelas questões suscitadas no nosso romance. Situada na região do Aude, é célebre pela sua ligação aos cátaros e aos Templários. Pode-se visitar a igreja de Marie-Madeleine, com os seus estranhos baixos--relevos e as suas inscrições, bem como a casa do abade Saunière. Este lugar tem várias curiosidades, em especial as personagens de cera fabricadas por Grévin.

Um altar sacrificial esculpido na época neolítica, assim como um bloco de pedra também esculpida denominado «laje dos Cavaleiros» fazem igualmente parte das curiosidades. Encontra-se aqui exposto o pilar, que se diz ser da época visigoda, no qual estavam escondidos os documentos descobertos por Saunière, bem como um coro dotado de um compartimento secreto. A torre Magdala e a capela privada de Saunière estão também abertas ao público. Se pretende dar aqui uma escapadela, confirme com o posto de turismo. As horas de abertura variam e são reduzidas em função das estações do ano.

Catedral Notre-Dame de Paris

Os museus

Em Paris, os museus estão encerrados à segunda ou terça-feira. Alguns são gratuitos no primeiro domingo do mês. Muitos deles são gratuitos para menores de 18 anos de idade, mediante apresentação de bilhete de identidade, e propõem descontos para os visitantes entre os 18-25 anos.

O bilhete museu-monumento
(carte musée-monument)

O bilhete museu-monumento tem bastantes vantagens se desejar visitar dois ou mais museus. É válido por 1, 3 ou 5 dias. Pode ser adquirido nas principais estações de metro e na maioria dos museus. Permite acesso livre e prioritário às colecções permanentes, mas não inclui o acesso às exposições temporárias. Pode ser comprado previamente e passa a ser válido a partir da primeira visita.

Paris Walks
Peter e Oriel Caine
Tel (33) 01 48 09 21 40
Fax (33) 01 42 43 75 51
paris@paris-walks.com

Agradecimentos

É impossível mencionar todas as pessoas que participaram neste livro

Os meus agradecimentos vão para Constance de Bartillat e Charles Ficat pela sua ideia original, energia, encorajamento e confiança; Mike da Village Voice pela história secreta do priorado; Marcio pelo apoio informático; a equipa de guias que manteve a Paris Walks em funcionamento durante as minhas pesquisas; Oriel, a minha mulher, pelos seus trabalhos, releitura e correcções; Alain Escot e Valérie Denis pela ajuda da tradução francesa. Agradeço igualmente à minha família e amigos pelo seu apoio e entusiasmo. Obrigado, por último, aos visitantes da Paris Walks, para quem este guia foi escrito.